Abenteuer & Wissen

Maja Nielsen

Scott und Amundsen

>>> Das Rennen zum Südpol

Fachliche Beratung: Arved Fuchs

Gerstenberg visuell

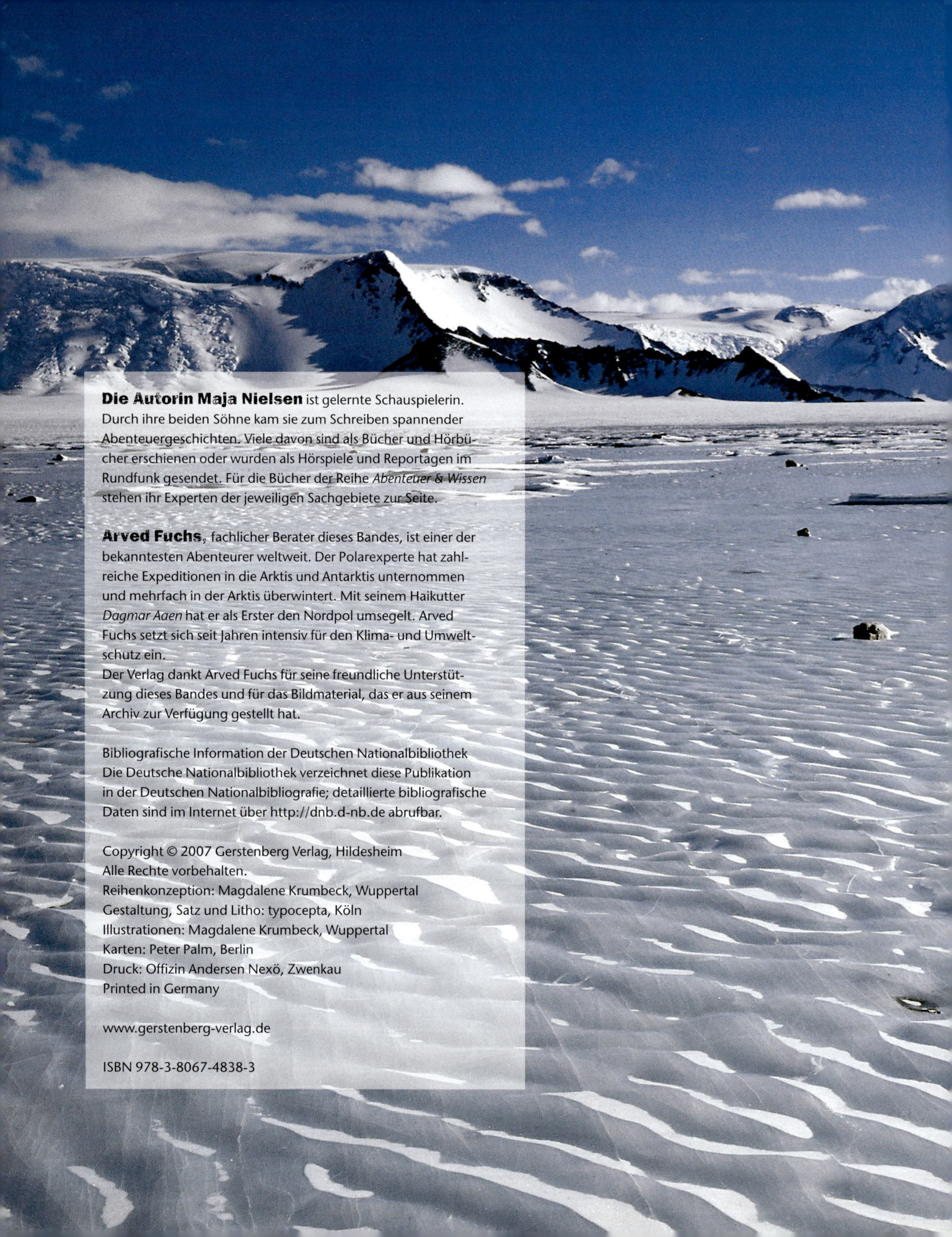

Die Autorin Maja Nielsen ist gelernte Schauspielerin. Durch ihre beiden Söhne kam sie zum Schreiben spannender Abenteuergeschichten. Viele davon sind als Bücher und Hörbücher erschienen oder wurden als Hörspiele und Reportagen im Rundfunk gesendet. Für die Bücher der Reihe *Abenteuer & Wissen* stehen ihr Experten der jeweiligen Sachgebiete zur Seite.

Arved Fuchs, fachlicher Berater dieses Bandes, ist einer der bekanntesten Abenteurer weltweit. Der Polarexperte hat zahlreiche Expeditionen in die Arktis und Antarktis unternommen und mehrfach in der Arktis überwintert. Mit seinem Haikutter *Dagmar Aaen* hat er als Erster den Nordpol umsegelt. Arved Fuchs setzt sich seit Jahren intensiv für den Klima- und Umweltschutz ein.
Der Verlag dankt Arved Fuchs für seine freundliche Unterstützung dieses Bandes und für das Bildmaterial, das er aus seinem Archiv zur Verfügung gestellt hat.

Bibliografische Information der Deutschen Nationalbibliothek
Die Deutsche Nationalbibliothek verzeichnet diese Publikation in der Deutschen Nationalbibliografie; detaillierte bibliografische Daten sind im Internet über http://dnb.d-nb.de abrufbar.

Reihenkonzeption: Magdalene Krumbeck, Wuppertal
Gestaltung, Satz und Litho: typocepta, Köln
Illustrationen: Magdalene Krumbeck, Wuppertal
Karten: Peter Palm, Berlin
Druck: Offizin Andersen Nexö, Zwenkau
Printed in Germany

www.gerstenberg-verlag.de

ISBN 978-3-8067-4838-3

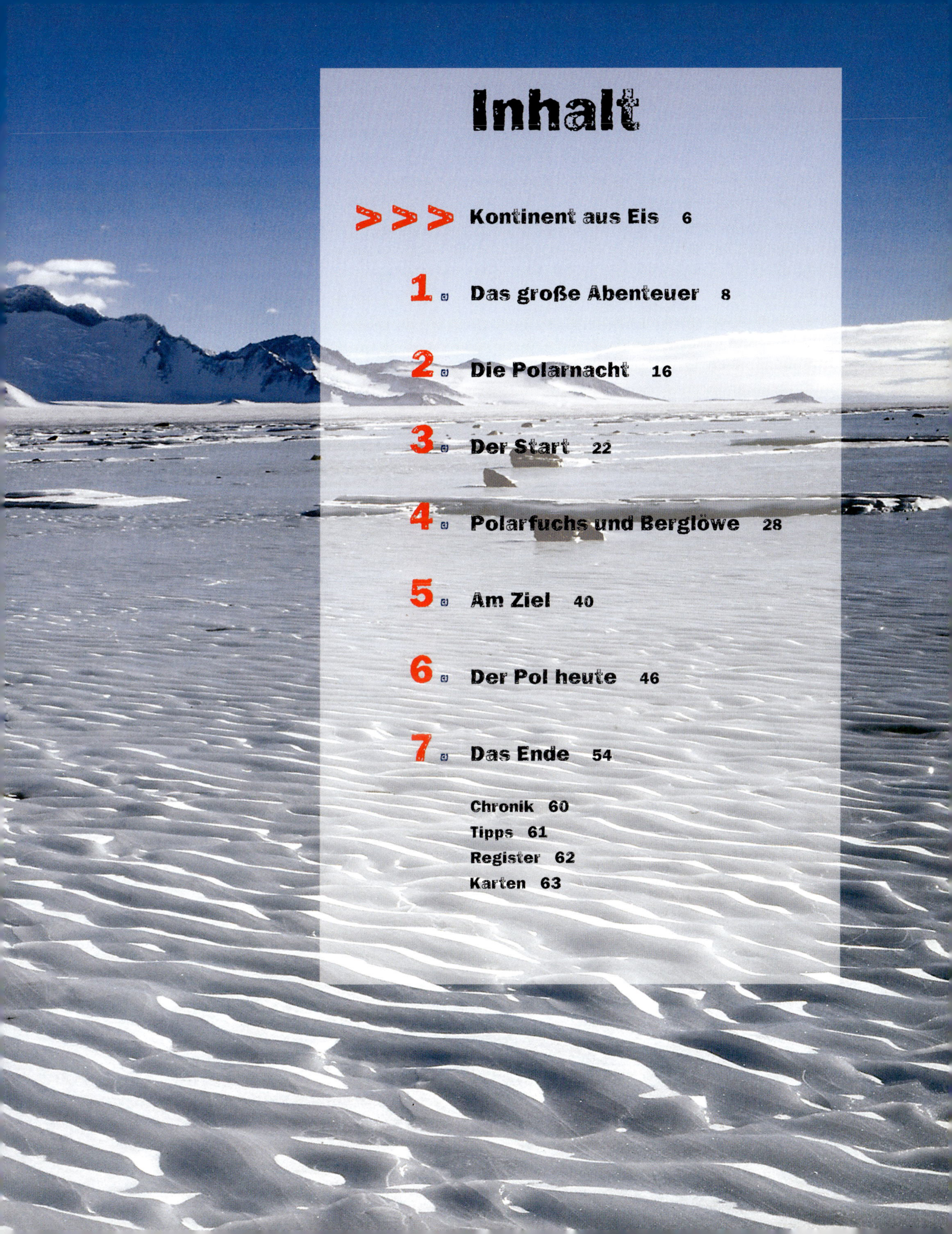

Inhalt

Kontinent aus Eis

Die Antarktis – eine endlose Wüste aus Eis und Schnee, die lebensfeindlichste Region unserer Erde. Antarktika ist der einzige Kontinent ohne menschliche Besiedlung. Nur im Sommer kann man sich über das Meer auf die gefahrvolle Reise Richtung Südpol machen. Im Winter wächst der Packeisgürtel, der die Antarktis umschließt, jeden Tag um 100 000 Quadratkilometer. Dann ist kein Durchkommen möglich.

Kommt die Küste schließlich in Sicht, ist der Weg an Land versperrt: Bis zu 50 Meter hoch türmt sich eine Barriere aus Eis, das sogenannte Schelfeis. Mehr als vier Kilometer mächtig ist die Eisschicht über dem Festland. Über diese kalte, starre Welt aus Eis und Schnee fegt Tag und Nacht ein eisiger Sturmwind. Fallwinde mit über 300 Stundenkilometern Spitzengeschwindigkeit wüten im Inneren des Kontinents. Im Schnitt ist jeder dritte Tag in der Antarktis ein Sturmtag. Minus 89 Grad wurden hier schon gemessen – das ist Kälterekord. So kalt wird es nirgendwo sonst auf der Erde.

1911 treten der Engländer Robert Falcon Scott und der Norweger Roald Amundsen zu einem Wettlauf zu dem eisigsten Punkt unseres Planeten an, dem Südpol, der sich im abgelegensten Inneren der Antarktis befindet. Das „Rennen zum Südpol“ wird zum größten Drama in der Entdeckungsgeschichte der Pole. Die menschenfeindliche Natur gibt die Spielregeln vor – es wird ein Wettlauf auf Leben und Tod.

Der bekannte Polarfahrer Arved Fuchs war in unseren Tagen auf Scotts und Amundsens Spuren unterwegs. Zusammen mit seinem Partner Reinhold Messner durchquerte er in nur 92 Tagen die Antarktis zu Fuß. Über 2800 Kilometer zog er seinen Schlitten durch die Eiswüste. Wie kaum ein Zweiter versteht er, was Scott und Amundsen bewegte und was sie antrieb.

Wir müssen zum Pol kommen. Koste es, was es wolle.

Robert Falcon Scott, Tagebuchaufzeichnung vom 15. Januar 1912

1

Das große Abenteuer

>>> Wir schreiben das Jahr 1911. Die Erde ist fast vollständig entdeckt: die Kontinente sind erforscht, die Meere befahren, die Wüsten durchquert, sogar der Nordpol wurde erobert. Alles ist auf Landkarten genau verzeichnet.

Jetzt richtet sich die Aufmerksamkeit der Welt auf die Antarktis. Der Südpol gilt als eine der letzten Herausforderungen der Menschheit. Wer es schafft, zuerst zum Südpol zu gelangen, der wird als strahlender Held in die Geschichte eingehen. In England glaubt die ganze Nation fest daran, dass es ein Engländer sein wird, der zur Ehre von König, Volk und Vaterland als erster den Südpol erreichen wird. Schließlich war es der Engländer James Cook, der mit

Das Treibeis im Sommer. Im Winter bildet hier das Packeis eine einzige undurchdringliche Fläche.

Robert Falcon Scott in Galauniform

Steckbrief Robert Falcon Scott

Robert Falcon Scott wird am 6. Juni 1868 in Devenport, England, geboren. Schon mit 13 Jahren tritt er in die Marine ein und arbeitet sich hoch. **1900** wird der ehrgeizige Scott dank seines Förderers Clements Markham von der Royal Geographical Society zum Leiter der *Discovery*-Expedition ernannt. | **1901–1904** Beim ersten Vorstoß zum Südpol gemeinsam mit Ernest Shackleton nähert er sich seinem Ziel bis auf 772 km. | **1902** steigt Scott als Erster mit einem Gasballon über der Antarktis auf. | **1908** Heirat mit der Bildhauerin Kathleen Bruce | **1909** Geburt seines einzigen Sohnes | **1910–1912** *Terra-Nova*-Expedition zum Südpol

seinem Schiff als Erster bis an die südpolare Packeisgrenze segelte. Es war der Engländer James Wedell, der als Erster die Packeisgrenze durchbrach. Es war der Engländer James Ross, der als Erster das antarktische Festland erreichte. Und England hat bereits zwei Expeditionen entsandt, die als Erste in das Innere des menschenfeindlichen Kontinents vordrangen, um den eisigen Ort zu erreichen, von dem aus alle Wege nach Norden führen. Bis auf 175 Kilometer kam Ernest Shackleton 1909 an den Pol heran, dann musste er sich geschlagen geben. Der Südpol gehört den Engländern, das ist überall anerkannt. Es ist ihr Vorrecht, ihn zuerst zu erreichen. Unter der Leitung des Marineoffiziers Robert Falcon Scott soll er jetzt endlich erobert werden.

Scott ist bereits mit 13 Jahren in die britische Marine eingetreten. Das hat ihn geprägt. Er gilt als vorbildlicher Offizier, als guter Kamerad. Diszipliniert, ausdauernd, zuverlässig. Ein kräftiger Mann mit auffallend blauen Augen. Sein Team besteht zur einen Hälfte aus Wissenschaftlern, zur anderen aus Männern, die sich als Offiziere in der britischen Armee bewährt haben und die sich allesamt freiwillig gemeldet haben, weil sie das große Abenteuer reizt. Scott konnte aus 8000 Freiwilligen wählen. Einige haben ihm sogar Geld geboten, um einen Platz im Team zu ergattern.

Scott ist ein erfahrener Mann. Es ist bereits sein zweiter Versuch, den Südpol zu erreichen. Zwei Polarwinter hat er bei seinem vorangegangenen Vorstoß in der Antarktis ausgeharrt. Er ist ein Mann, der sich nicht leicht unterkriegen lässt – das hat er eindrucksvoll unter Beweis gestellt. In England ist er längst ein Held. Die unbestrittene Nummer Eins unter den Polarfahrern. Das ganze Land steht hinter ihm. Die Regierung finanziert einen Großteil der

Antarktika

Die Antarktis oder richtig: der Kontinent Antarktika hält gleich mehrere Rekorde: Er ist der südlichste, kälteste, trockenste und höchste Kontinent der Erde. Im Sommer ist er mit etwa 13,2 Millionen Quadratkilometern um ein Viertel größer als Europa; im Winter, wenn sich das Packeis an den Küsten anlagert, etwa doppelt so groß. Vor 200 Millionen Jahren war die Antarktis Bestandteil des Superkontinents Gondwana, der in erheblich milderen Breiten lag. Nach dem Zerfall Gondwanas verschob sich Antarktika immer weiter nach Süden. Etwa vor 40 Millionen Jahren erreichte der Kontinent seine jetzige Position am Südpol und bekam eine dicke Eisschicht.

Die *Terra Nova* war für ihren Einsatz in der Antarktis vom Bug bis zum Heck mit zwei Meter dicken Eichenplanken verstärkt worden.

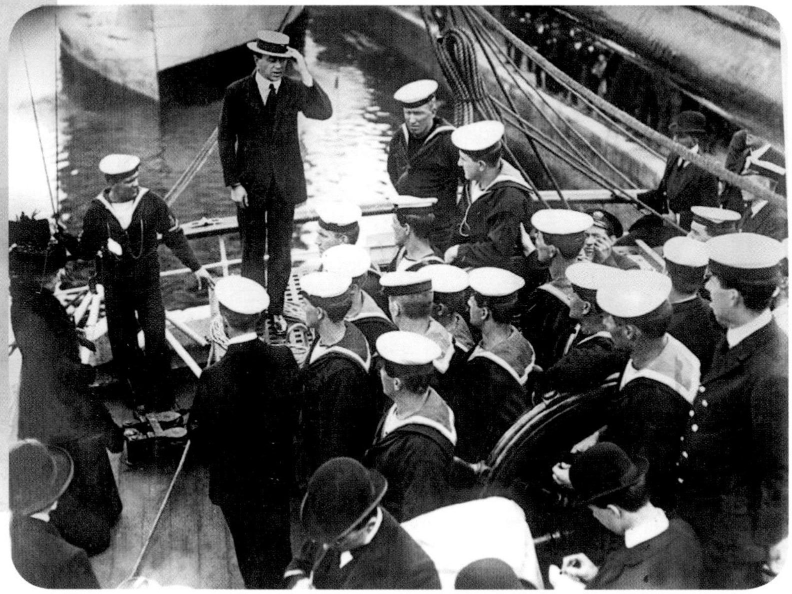

Scott (hinten links in Zivil) am 1. Juni 1910 während der Einschiffung auf der *Terra Nova*

Scott-Expedition. Aber auch viele Privatleute steuern dazu bei. In den Schulen sammeln die Kinder Geld, viele geben ihr ganzes Taschengeld her, damit Scott Schlittenhunde, Ponys, Schlafsäcke und Zelte kaufen kann.

Am 1. Juni 1910 kann es endlich losgehen: Als Scotts Schiff, die *Terra Nova,* von ihrem Ankerplatz im Londoner Hafen ablegt, jubeln ihm die Menschen von beiden Seiten der Themse zu. Die kleine behäbige *Terra Nova,* von oben bis unten mit Flaggen geschmückt, fährt durch ein endlos scheinendes Spalier aus Kriegsschiffen. Die Mannschaften an Deck der Schiffe schreien, als ob sie von Sinnen wären. In diesen Lärm mischen sich Sirenen und Pfeifen von vielen hundert weiteren festlich geschmückten Schiffen. Sogar das Königspaar ist zum Abschied erschienen. Keiner, auch Scott selbst nicht, kann sich ein Scheitern vorstellen. Und wenn doch? „Dann werden wir eben da unten frischfröhlich ausharren, bis die Sache erledigt ist“, antwortet er unbeirrbar entschlossen auf die Frage eines Journalisten. Auf zum Pol!

Was Scott nicht weiß: Noch ein weiterer Mann träumt davon, als Erster seine Fahne in das ewige Eis am Südpol zu rammen. Auch der Norweger Roald Amundsen hat eine eigene Expedition zusammengestellt. Bis auf seinen Bruder Leon und Kapitän Thorvald Nilsen, der Amundsens Schiff, die *Fram,* sicher durch das Packeis im Ross-Meer steuern soll, hat er keinen einzigen Menschen in seine Pläne eingeweiht. Nicht mal die Männer, die mit ihm tausende von Kilometern durch die menschenfeindliche Eiswüste zum Pol gehen sollen. Amundsens Mannschaft glaubt noch während der ersten vier Wochen der großen Fahrt nach Süden, dass sie für eine ausgedehnte Forschungsreise zum Nordpol angeheuert haben. Erst nach vielen Tagen auf hoher See, erst als er es nicht länger verheimlichen kann, ruft Amundsen alle Mann an Deck, befestigt eine Karte der Antarktis am Hauptmast und sagt der überraschten Mannschaft: „Es gibt viele Dinge an Bord, die ihr misstrauisch oder erstaunt betrachtet habt. Was ich sagen will, ist dies: Ich habe die Absicht, nach Süden zu fahren, eine Landungsgruppe auf dem südlichen Kontinent abzusetzen und zu versuchen, den Südpol zu erreichen."

Doppelten Lohn soll es geben, wenn die Männer bei ihm bleiben. Geld, das Amundsen nicht hat. Er hat alles, was er besitzt, sogar sein Haus, verpfändet, um diese Irrsinnsfahrt zum Südpol machen zu können. Er hat nichts als Schulden. Doch die überrumpelte Mannschaft schreit Hurra, und zu Amundsens großem Glück verlässt keiner die *Fram.*

Amundsen sticht am 9. August, etwa zwei Monate nach dem ahnungslosen Scott, Richtung Antarktis in See. Er hat keinesfalls vor, mit dem Engländer gemeinsame Sache zu machen, im Gegenteil: Er will gegen ihn antreten. Es soll einen Wettlauf geben. Einen Wettlauf zum Pol.

Seit seiner Kindheit träumt Amundsen davon, ein großer Entdecker zu sein. Schon in früher Jugend unternimmt er Gewaltmärsche, um dafür zu trainieren, Entbehrungen auszuhalten. Er hat sich als Polarfahrer bereits einen Namen gemacht, als er 1903 bis 1906 als Erster die Nordwestpassage durchfuhr, den Wasserweg vom Atlantik durch das Nordpolarmeer zum Pazifik. Eine gran-

Steckbrief Roald Amundsen

Roald Engebreth Gravning Amundsen wird am 16. Juli 1872 in Borge in Norwegen geboren. Er studiert zunächst einige Semester Medizin und nimmt später als Seefahrer an Polarexpeditionen teil. | **1903–1906** Durchquerung der Nordwestpassage im Norden Kanadas. Dabei lernt er von den Netsilik-Inuit, wie man in der Polregion überlebt. Plan, als Erster den Nordpol zu erreichen | **1909** beschließt er, nachdem der Nordpol von einem anderen Team entdeckt wurde, stattdessen als Erster den Südpol zu erreichen. | **1910–1912** Expedition zum Südpol | **1926** überfliegt er den Nordpol mit einem Luftschiff. Vermutlich stirbt Amundsen am **18. Juni 1928** bei einer Rettungsaktion für Umberto Nobile am Nordpol. Er bleibt für immer verschollen.

Fahre nach Süden! Amundsen.

Amundsens Telegramm an Scott, 12. Oktober 1910

diose Leistung, die ihm überall Anerkennung verschafft hat. Die Eroberung des Südpols soll ihn weltberühmt machen.

Die *Terra Nova* ist schon vier Monate unterwegs, da erreicht Scott die Nachricht, dass er bei der Eroberung des Südpols einen Konkurrenten hat. Der Norweger hat ihm ein knappes Telegramm geschickt, Scott erhält es, als die *Terra Nova* im australischen Melbourne anlegt.

Doch Scott beschließt, Amundsen nicht weiter ernstzunehmen. Für ihn gibt es nur einen Konkurrenten: Ernest Shackleton, seinen Landsmann, der 1909 bis auf 175 Kilometer an den Pol herangekommen ist. Es ist dieser andere Engländer, den er fürchtet – nicht den Norweger. Ein schwerer Fehler, wie sich schon bald herausstellen soll.

Roald Amundsen hat zwei Jahre bei den Netsilik-Eskimos im Norden Kanadas gelebt. Er hat von ihnen alles gelernt, was sie über das Leben im Eis wissen. Sie haben ihm gezeigt, wie man Iglus baut, wie man aus Rentierhäuten Anoraks näht, aus Bärenfell Handschuhe und aus dem Fell der Bartrobbe Stiefel. Bei den Eskimos fühlt sich der wortkarge, als schwierig geltende Mann wohler als unter seinen Landsleuten. Bei den Eskimos hat der Norweger genug Erfahrung gesammelt, um in der weißen

Meine besten Wünsche für meine Freunde, die Netsilik-Eskimos, fasse ich zusammen in dem einen, dass ihnen die Zivilisation *niemals* nahen möge!

Aus Roald Amundsens Expeditionsbericht über die Nordwestpassage

Die Fram

Die *Fram* (norwegisch für „vorwärts") wurde nach den Vorschlägen des berühmten Polarfahrers Fridtjof Nansen so konstruiert, dass sie dem Druck des Packeises standhalten konnte. Wenn das Eis das Schiff in die Zange nahm, wurde es nicht zusammengepresst, sondern hochgehoben. Die Wände des Rumpfs hatten eine Stärke von 70 Zentimetern und wurden im Inneren mit schrägen Streben verstärkt. Kiel, Ruder und Propellerantrieb des Dreimastschoners konnten eingezogen werden. Fridtjof Nansen steuerte die *Fram* 1893 nördlich von Sibirien ins Packeis und ließ sie dort einfrieren. Er hoffte mit der Meeresströmung zum Nordpol zu gelangen.
Die Driftfahrt durchs Nordpolarmeer verfehlte jedoch den Pol. Amundsen stattete die *Fram* für seine Fahrt zum Südpol als erstes Schiff der Welt mit einem Dieselmotor aus. Kein Holzschiff fuhr jemals weiter südlich oder nördlich. Das legendäre Polarschiff *Fram* kann man heute im Fram-Museum in Oslo bewundern.

Links: Die *Fram* erreicht nach einer Fahrt von 30 000 Kilometern, die fünf Monate dauert, die Eiskante.

Einöde zu überleben. Vor allem: Er hat von ihnen bis ins Kleinste gelernt, wie man mit Schlittenhunden, den Huskys, umgeht, die für die Eskimos in Eis und Schnee das wichtigste Transportmittel sind. Seine Lehrzeit bei den Eskimos, das weiß er, ist sein Trumpf bei dem Wettlauf gegen Scott.

Am 13. Januar erreicht Amundsen sein Ziel: die Walfischbucht am Rande der Antarktis. Selbstbewusst baut er etwa 1350 Kilometer vom Südpol entfernt sein Basislager im ewigen Eis auf. Er nennt es Framheim.

In der Walfischbucht zu überwintern gilt als Wahnsinn. Nicht wegen der vielen Wale, die ihre gewaltigen Fontänen über das Wasser blasen. Auch nicht wegen der scharfkantigen Eisklippen, die mit so schaurigem Geräusch am Bug des Schiffes kratzten, dass sich den Hunden die Nackenhaare sträubten. Nein, die eigentliche Gefahr ist, dass sein Lager an der Walfischbucht nicht auf dem Festland liegt, sondern auf dem Schelfeis. Kilometergroße Stücke Eisküste können abbrechen. Dann würden Mann und Maus aufs offene Meer treiben. Amundsen kennt das Risiko. Aber er geht es

Orcas kommen vorwiegend in den Polarmeeren vor. Sie leben in sogenannten Schulen, die von einem älteren Weibchen angeführt werden. Wegen ihrer spektakulären Jagdmethoden – in Südamerika werfen sie sich sogar bis auf den Strand, um Seehunde oder Robben zu erbeuten – bezeichnet man sie auch als Killerwale.

Die Männer des englischen Teams beschäftigen sich während des langen Polarwinters eingehend mit Büchern und Karten über die Antarktis.

Richtig und klug ist, wenn wir uns verhalten, als wäre nichts geschehen. Wir müssen weitermachen und unser Bestes geben – zur Ehre des Vaterlandes – ohne Furcht und Panik.

Robert Falcon Scott, Tagebuchaufzeichnung vom 22. Februar 1911

ein. Ausschlaggebend ist, dass die Bucht der Wale 110 Kilometer näher zum Südpol liegt als Scotts Basisstation bei Kap Evans im McMurdo-Sund.

650 Kilometer entfernt von Framheim an derselben Küste ist auch Scotts Mannschaft an Land gegangen – nur eine Woche vor Amundsen. Mit gut acht Wochen Vorsprung ist sie vor dem Norweger in See gestochen. Dieser Vorsprung ist im Laufe der Seereise auf acht Tage zusammengeschrumpft. Doch Scott hat es nicht eilig – noch nicht. Noch immer nimmt er den Norweger nicht wirklich ernst. Er weiß nicht, wie dicht Amundsen ihm auf den Fersen ist.

Über einen Monat ist Scott schon inmitten eifriger Vorbereitungen, da erreicht ihn die Nachricht, dass Amundsen sich in der Walfischbucht befindet – dem Südpol ein gutes Stück näher als er selbst! Scott kann es nicht fassen, wie es gelingen konnte, so viele Hunde auf das Schelfeis zu bringen. Über 100 Tiere sollen es sein! Und er ahnt, was das bedeutet: Mit Hunden kann Amundsen schon viel früher aufbrechen als die Engländer mit ihren Ponys.

Im Gegensatz zu Amundsen kommt Scott mit Hunden nicht zurecht. Bei seinem ersten Aufenthalt in der Antarktis hat er – ohne erfahrene Hundeführer – nur Ärger mit den eigenwilligen Huskys gehabt. Aber mit Ponys kennt er sich aus.

Ponys sollen die Schlitten mit ihm, seinen Männern und der Ausrüstung über das ewige Eis zum Südpol ziehen. Scotts Umgang mit der eisigen Wildnis ist ganz anders als Amundsens. Skifahren

Skorbut

Skorbut ist eine Krankheit, die durch einen Mangel an Vitamin C ausgelöst wird. Es kommt dabei zu körperlicher Schwäche, großer Müdigkeit und Konzentrationsschwierigkeiten. Weitere Symptome sind Zahnfleischbluten, Zahn- und Haarausfall und eine große Anfälligkeit für Infektionskrankheiten. Skorbut war lange Zeit die Haupttodesursache bei Seeleuten. Erst 1754 fand man heraus, dass Zitrusfrüchte gegen Skorbut helfen.

gehört ganz und gar nicht zu den Fortbewegungsarten, die er gut beherrscht. Nur ungern steht er auf den Brettern. Er marschiert lieber, wie in der Armee üblich. Es würde ihm nie einfallen, sich wie die Eskimos in Pelze zu zwängen. Dagegen hat er eine starke Abneigung. Seine Polarausrüstung besteht aus Extremanzügen der Marine mit abknöpfbaren Kapuzen. Scott ist unter der Flagge der britischen Marine gesegelt. Er vertraut auf den Gehorsam und die Disziplin seiner Truppe. An Bord seines Polarschiffes, der *Terra Nova,* herrschten militärische Kommandostrukturen. Er weiß, dass seine Männer niemals den Befehl verweigern werden. Unter keinen Umständen.

Der Seemann Scott auf Skiern. Er lässt seinen Männern in Kap Evans von einem norwegischen Skilehrer Unterricht erteilen. Richtig gute Skiläufer werden die Briten aber nie.

Auch Scott hat einen Trumpf: Motorschlitten! Ein englischer Ingenieur hat sie konstruiert. Sie sollen ihm helfen, das Ziel im ewigen Eis zu erreichen. 1400 Kilometer hin zum Pol und 1400 Kilometer zurück. Scott hat lange darauf gewartet, dass vernünftige Motorschlitten zur Fortbewegung auf Schnee und Eis konstruiert werden. Sie sollen seinen Mangel an Erfahrung wettmachen. Sollten die Motorschlitten versagen, werden sich seine Männer selbst vor die Schlitten spannen.

Mindestens 100 Tage braucht man von den Basisstationen am Ross-Meer zum Pol und zurück. Auf dem Weg dorthin lauern viele Gefahren: verheerende Schneestürme, Kälte bis zu minus 50 Grad, schwere Erfrierungen und die schreckliche Krankheit Skorbut, bei der man so verwirrt und deprimiert werden kann, dass man am liebsten sterben möchte. Und erst wenn der Südpol in Sicht kommt, erst dann werden sie wissen, ob sie die Ersten sind – oder ob alle Anstrengungen und Entbehrungen umsonst waren. Zweiter sein heißt Verlierer sein. Der Spott der ganzen Welt ist einem dann sicher.

In den Alpträumen der beiden Polarfahrer flattert bei ihrer Ankunft am Südpol schon längst eine Fahne im Wind. Es ist die Fahne des anderen.

2 c)

Die Polarnacht

Scott und Amundsen sind fast ein halbes Jahr bevor der eigentliche Marsch zum Pol beginnen soll in die Antarktis gereist, im antarktischen Sommer, der einzigen Zeit, in der das Eis für Schiffe durchlässig ist. Vor den verheerenden Winterstürmen müssen sie auf dem Weg zum Pol Vorratsdepots mit Lebensmitteln und Brennstoff anlegen. Die Zeit dafür ist reichlich knapp bemessen. Schon bald nach der Ankunft, sobald sie ihre Basisstationen aufgebaut haben, die Häuser errichtet und die Vorräte verstaut sind und die Ausrüstung auf Funktionstüchtigkeit überprüft ist, ziehen beide Teams los. Amundsens Hunde verlassen Framheim in vollem Galopp. Ein Mann läuft auf Skiern voraus. Für die Hunde ist er der Leitwolf, dem sie bedingungslos folgen. Obwohl auch sie unter der Kälte zu leiden haben – die niedrigste Temperatur, die gemessen wird, beträgt minus 45 Grad –, kommen sie im Großen und Ganzen gut voran. Die Hunde, die sich als zu schwach erweisen,

Rechts: Oskar Wisting mit seinem Hundegespann. Im Hintergrund die norwegische Fahne

In der englischen Hütte auf Kap Evans wohnen 25 Männer. Im hinteren Teil ist ein Kochbereich. Die Hütte ist warm und gemütlich. Häufig spielt das Grammophon.

Sie sind alle noch so jung und gutmütig; in ihren Wortgefechten zeigt sich weder Schärfe noch Ärger, immer endet alles mit einem ausgelassenen Lachen.

Robert Falcon Scott, Tagebuchaufzeichnung vom 6. Juni 1911

Rechts: Nachdem die Hunde wegen der mitgebrachten ungeeigneten Geschirre auf der Depotreise in eine Spalte gefallen waren, werkeln Amundsens Männer im Winterquartier an neuen, besseren Geschirren.

Polarnacht

Da die Erdachse schräg zur Sonne steht, herrscht bei der jährlichen Wanderung der Erde um die Sonne an jedem Pol ein halbes Jahr lang Tag und ein halbes Jahr lang Nacht. Im südlichen Polarsommer (Dezember bis Februar) scheint durchgehend die Sonne. Im Winter (Mai bis August) ist es dunkel: die Zeit der Polarnacht.

lässt Amundsen töten und an die übrigen Tiere verfüttern. So muss er weniger Hundefutter mitführen, was einen großen Vorteil darstellt. Jedes ihrer Vorratsdepots wird so gekennzeichnet, dass man es später nicht einmal im dicksten Nebel verfehlen kann. Die Depots werden mit Bambusstangen, an denen Fahnen befestigt sind, markiert. Schon neun Kilometer von jedem Depot entfernt stehen in beiden Richtungen unübersehbare Wegweiser – alle 900 Meter einer –, die zum Depot hinführen. Sie dürfen später keine Zeit damit verschwenden, nach den Depots zu suchen.

Scotts Ponys haben es auf der Depotreise viel schwerer als Amundsens Hunde. Sie sinken im weichen Schnee ein. Die eisigen Temperaturen und der schneidende Wind setzen ihnen übel zu. Scott tun die Tiere furchtbar leid, und er nimmt Rücksicht auf sie. Daher kommen sie nur sehr langsam voran. Dennoch können einige der Tiere bald nicht mehr weiter. Was sollen sie jetzt tun? Die schwächsten Ponys töten und ihr Fleisch als Nahrung für die Menschen im Depot lagern? Das bringt Scott nicht übers Herz. Er schickt die zu Tode erschöpften Tiere lieber zurück ins Basislager. Auf dem Weg dahin sterben sie. Nun bringt ihr Fleisch keinem mehr Nutzen. Es ist verschwendet. Es wird der Tag kommen, an dem der Tierfreund Scott sein Mitleid mit den Ponys bitter bereuen wird.

Und dann setzt der Winter ein. Die Zeit der Polarnacht ist gekommen. Am 21. April 1911 sehen Scott und Amundsen und ihre Männer zum letzten Mal Tageslicht. Es wird für vier Monate dunkel. Die beiden Teams haben winterfeste Häuser errichtet, in denen es sich gut aushalten lässt.

Die Wartezeit vertreibt man sich im englischen Lager auf kurzweilige Weise. Die Wissenschaftler halten reihum interessante Vorträge, etwa über die Polarlichter oder über antarktische Vögel. Das regt bei allen den Forschergeist an. Scott und sein Teamgefährte Wilson beobachten wissbegierig die Tierwelt vor Ort: die riesigen Wale, die Schneeleoparden und vor allem die Pinguine. Ausführlich halten sie in ihren Aufzeichnungen fest, wie die kleinen, befrackten Kerle Jagd auf Fische machen. Langeweile kommt nicht auf. Die Pferde müssen täglich versorgt werden, Fische gefangen, Seehunde geschlachtet und das Essen für fast 30 Männer bereitet werden. Die Stimmung in Kap Evans ist vortrefflich.

Die lange Polarnacht, in der die Polarlichter ihr geheimnisvolles Feuerwerk am Himmel entzünden, ist für den Engländer Robert Falcon Scott auch eine Zeit zum Träumen. Häufig sitzt er in seinem drei mal drei Meter großen, durch dunkle Vorhänge von den anderen abgeschirmten Raum an seinem Schreibtisch und denkt an zu Hause. Wie es wohl seinem kleinen Sohn Peter ergehen mag? Noch nicht mal zwei Jahre ist er alt. Und seiner Frau Kathleen, die nie müde wurde, ihn anzuspornen? Manchmal kommt es ihm vor, als sei sie noch ehrgeiziger als er selbst. „Du wirst zum Pol fahren. Es muss erreicht werden, also beeil Dich und lass nichts unversucht." Das hat sie ihm in einem Brief geschrieben. Er darf sie nicht enttäuschen. Er liebt sie so sehr.

Polarlichter

Polarlichter sind faszinierende Lichterscheinungen am Himmel, die in Lichtnebeln oder bunten Strahlen auftreten. Die Ursache sind von der Sonne abgestrahlte, elektrisch geladene Teilchen, die von den Magnetpolen angezogen werden und Gase in der oberen Atmosphäre zum Leuchten bringen.

Links: Rittmeister Oates kümmert sich während der langen Schiffsreise aufopferungsvoll um die Pferde.

Unten: Dr. Wilson fertigt Zeichnungen von den eindrucksvollen Polarlichtern an. Wilson und Oates werden später zu Scotts Polteam gehören.

„Das Südlicht hat eine blassgrüne, geisterhafte Farbe, aber jeder Lichtwelle geht ein rotes Aufflammen voraus" – so beschreibt Scott die Polarlichter.

Nach und nach wird Scott immer deutlicher, dass er Amundsens Herausforderung nicht auf die leichte Schulter nehmen darf. Amundsens gewagte Entscheidung, Framheim in der Bucht der Wale zu errichten, ist ein verdammt cleverer Schachzug. Der Vorsprung von 110 Kilometern kann das Rennen entscheiden. Mit seinen Hunden kann er außerdem viel früher in Richtung Pol durchstarten als Scott mit seinen Ponys. Hunde sind unempfindlicher gegen die Kälte, das hat Scott inzwischen selbst erkannt. War es vielleicht falsch, als Haupttransportmittel auf Ponys zu setzen? Scott versucht sich zur Ruhe zu zwingen: „Ich darf mich von Amundsens Vorgehen nicht beirren lassen und bleibe bei meinem ursprünglichen Plan, als wenn ich von Amundsen nichts wüsste!", hämmert er sich ein. „Vorwärts also ohne Furcht und Zaudern!"

Seine große Hoffnung sind die Motorschlitten. Sie machen einen ohrenbetäubenden Lärm. Wie Dreschmaschinen hören sie sich an. Doch gleich beim Entladen der *Terra Nova* passiert ein peinliches Missgeschick: Als die Männer den letzten Motorschlitten an Land bringen wollen, bricht das Eis, und das teure Gefährt versinkt im Meer. Ein Publikum von zahllosen Adélie-Pinguinen beobachtet schnatternd, wie sie vergeblich versuchen, den Schlitten zu retten.

Einer von Scotts Trümpfen liegt jetzt also auf dem Meeresgrund. Zum Glück hat er noch zwei weitere.

Was Scott über alle Maßen zuversichtlich stimmt, sind vor allem seine Männer. Er schätzt sie ungemein. Scott hat zum größten Teil sehr junge Männer ausgewählt. Ein starkes Team, das gut aufeinander eingespielt ist. Fähig, fleißig, fair im Verhalten. Die beste Mannschaft, die je unter seinem Kommando stand. Mit jugendlicher Begeisterung packen sie die große Aufgabe an.

In Framheim geht es nicht ganz so fröhlich zu wie in Kap Evans. Amundsen ist gereizt. Er kriegt einfach nicht den Gedanken an Scotts Motorschlitten aus dem Kopf. Er fürchtet ihre Stärke. Um sich abzulenken, werkelt er wie ein Besessener mit seiner Mannschaft an der Ausrüstung herum. Tagelang beschäftigt er sich beispielsweise mit den Schuhen, lässt die Nähte des Innenfutters auftrennen, die Sohlen entfernen, bis die Stiefel groß genug sind, dass ein Fuß mit sieben Strümpfen übereinandergezogen hineinpasst. Dann stellen sie fest, dass die Stiefel noch besser isolieren, wenn sie eine Holzsohle hineinlegen. Auch das Ringen um die beste Schutzbrille artet in einen regelrechten Wettbewerb aus. Der Druck, der auf Amundsen lastet, treibt ihn zu diesem Perfektionismus an. Er muss den Pol als Erster erreichen – falls nicht, ist er erledigt.

Tiere der Antarktis

Wegen des extremen Klimas und der abgeschnittenen Lage gibt es im Inneren der Antarktis nur ganz wenige Tierarten, hauptsächlich Milben und Insekten wie die Zuckmückenart *Belgica antarctica*, mit nur 12 Millimetern Länge das größte dauerhaft auf Antarktika lebende Landtier. Im Sommer halten sich jedoch viele Tiere an den Küsten auf, um hier zu jagen und ihre Jungen zur Welt zu bringen: Pinguine, Robben und Seelöwen und viele Seevögel wie Albatrosse und Sturmvögel.

Kaiserpinguine leben in Kolonien, zu denen bis zu 22 000 Brutpaare gehören können.

Die Stiefel sind für Amundsen einer der wichtigsten Expeditionsgegenstände überhaupt. Da man nicht spürt, wenn die Füße erfrieren, muss man bei ihrer Herstellung die größte Sorgfalt walten lassen.

Amundsen hat alle Menschen in Norwegen belogen. Sogar seinen König. Er hat so getan, als plane er eine Forschungsexpedition zum Nordpol. Immerzu sprach er vom Nordpol. Nur so gelang es ihm, Geldgeber für die extrem teure Expedition aufzutreiben. König Haakon VII. von Norwegen steuerte aus seiner Privatschatulle großzügige 30 000 Kronen bei. Für eine Expedition zum Südpol hätte er keinen Pfifferling springen lassen. Es stand ja in allen Zeitungen, dass Scott dorthin unterwegs war. Keiner wollte einen Wettlauf. Amundsen hatte zunächst tatsächlich selbst ganz andere Pläne, sein ursprüngliches Ziel war es, nach der Nordwestpassage den Nordpol in Angriff zu nehmen. So wäre er Scott gar nicht in die Quere gekommen, wenn ihn nicht 1909 die Nachricht erreicht hätte, dass der Amerikaner Peary soeben den Nordpol bezwungen hatte. Da konnte der ehrgeizige Amundsen am Nordpol keinen Blumentopf mehr gewinnen und wich auf den Südpol aus.

Als die Weltöffentlichkeit im März 1911 von Amundsens Vorgehen erfährt, löst das eine Krise zwischen England und Norwegen aus. Die englische Presse tobt. „Lump“ und „Eindringling“ nennt sie den Norweger. Aber auch in Norwegen meinen die Menschen, dass Amundsen zu weit gegangen ist.

Atemlos stürzen sich die Menschen auf die Zeitungen, die von den beiden Polarfahrern berichten. Es geht nicht nur um Scott und Amundsen. Es geht um die Ehre ihrer Länder. Wer wird am Ende triumphieren?

Eines ist allen in Framheim klar: Wenn Amundsen den Wettlauf, den er Scott aufzwingt, verliert, dann hat er seinen Ruf verspielt. Nur wenn er als strahlender Sieger heimkommt, wird man ihm seine Dreistigkeit und die vielen Täuschungsmanöver verzeihen.

Eine Verletzung der Etikette? Sind diese Leute wahnsinnig? Ist der Pol etwa einzig und allein Scotts Angelegenheit? Diese Idioten sind mir vollkommen gleichgültig.

Roald Amundsen, Tagebuchaufzeichnung

3 c)

Der Start

Als die ersten Sturmschwalben ankündigen, dass der antarktische Frühling naht, gibt es für Amundsen und seine Männer kein Halten mehr. Am 20. Oktober 1911 brechen die Norweger mit vier Schlitten und 54 Hunden auf. Amundsen, Bjaaland, Hanssen, Hassel und Wisting sind exzellente Hundeführer und herausragende Skiläufer. Bjaaland ist sowohl internationaler Langlauf- als auch Kombinationsmeister. Nach heutigem Verständnis Skiweltmeister. Amundsen hat ein Team von Profis angeheuert. Keine jungen Kerle wie bei Scott, sondern gestandene Männer.

Der Start verläuft reibungslos. Die Hunde laufen prächtig. Es zeigt sich, dass sie die Vorbereitungszeit gut genutzt haben. Amundsen hat wirklich nichts dem Zufall überlassen. Er hat die Schlitten neu konstruieren lassen. Sie wiegen jetzt statt 34 Kilogramm nur noch 24 Kilogramm. In den 28 Kisten, die sie auf den Schlitten mitführen, herrscht penible Ordnung. Alles ist genau abgewogen. Kein Gramm ist zuviel. Amundsen hat ausprobiert, welche Art des Anschirrens den Hunden am besten zusagt, und sich schlussendlich für grönländisches Geschirr entschieden, bei dem die Hunde fächerförmig von einem Punkt aus im vorderen Drittel der Zugleine angeschirrt werden. Er hat sich über alles und jedes Gedanken ge-

Amundsen in der Fellbekleidung der Eskimos

Depots

Die historischen Antarktisexpeditionen mussten ihre Depots auf dem Weg zum Südpol mit Hilfe ihrer Lasttiere, der Ponys und der Hunde, selbst anlegen. Scotts südlichstes Depot war 256 Kilometer von seinem Basislager entfernt, Amundsens 390 Kilometer entfernt von Framheim. Die aufwendige Einrichtung der Depots war ein Grund dafür, warum die historischen Expeditionen in der Antarktis überwintern mussten. Heute bekommen Expeditionen Lebensmittel, Brennstoff und was sie sonst noch benötigen mit Flugzeugen zu einem bestimmten, vorher verabredeten Punkt geliefert. Gleichzeitig nehmen diese Flugzeuge anfallenden Müll wieder mit.

116 Hunde muss Amundsen vom Ankerplatz der *Fram* auf die hohe Schelfeiskante ziehen.

Ross-Schelfeis

Der herausragende Seefahrer James Clark Ross navigierte seine beiden Schiffe *Erebus* und *Terror* 1839–1842 durch das Packeis der Antarktis und sichtete als Erster die 50 Meter hohe Barriere aus Eis, das nach ihm benannte Ross-Schelfeis. Es handelt sich hierbei um eine Eisfläche von ungeheuren Ausmaßen. Deutschland hätte auf ihr eineinhalb Mal Platz. Schelfeis bildet sich an den Küsten des antarktischen Kontinents, an denen die Gletscher ins Meer fließen. Es ist am Meeresboden festgefroren. An der Abbruchkante des Schelfeises lösen sich immer wieder riesige Stücke ab und stürzen ins Meer. So entstehen Eisberge.

macht. „Wenn wir gewinnen wollen, darf kein Hosenknopf fehlen", hat Amundsen immer wieder zu seinen Männern gesagt.

Am 1. November 1911, zehn Tage später als Amundsen, bricht auch die 17-köpfige Scott-Expedition auf. Vorneweg fahren die Motorschlitten. Scott selbst begleitet die Ponymannschaft. Er wird von zwei Gespannen mit sibirischen Schlittenhunden eskortiert.

Gleich zu Anfang zeigt sich, wie berechtigt Scotts Sorgen über die Ponys waren. Mühsam ziehen sie ihre Lasten, immer wieder brechen sie im Eis ein. Dabei bekommen sie Wunden an den Beinen. Sobald die Tiere stehen, friert ihr Schweiß und wird zu einem Eispanzer. Bald sind sie zu Tode erschöpft. Nur den Hunden scheint das Wetter nichts auszumachen. Nach fünf Tagen erreicht die Ponymannschaft ihre Vorhut, das Motorschlittenteam. Aber was, um Himmels willen, ist das? Beide Motorschlitten sind zusammengebrochen! Die Motoren sind immer wieder heißgelaufen, und zum Schluss ging gar nichts mehr. Scott hätte den Entwicklungsingenieur der teuren Schlitten mitnehmen sollen, oder wenigstens Ersatzteile und Werkzeug. Dann hätte das Problem womöglich schnell behoben werden können. Doch so können sie die Motorschlitten abschreiben, muss sich Scott zu seinem großen Entsetzen klarmachen. Auch die Ponys kommen kaum noch weiter. Scott hat auf das falsche Material gesetzt. Auch wenn bis zum Schluss keiner offen Kritik an dem Expeditionsleiter übt, befallen die Männer schon zu diesem Zeitpunkt Zweifel an seiner Führung.

Der Weg zum Südpol führt für beide Teams über riesige Gletscher. Auf Amundsens Weg trägt der gefährlichste von ihnen den bezeichnenden Namen „Teufelsgletscher". Mächtige Zinnen erheben sich auf eine Höhe von über 4000 Metern. Amundsens Hunde geben ihr Bestes. Laut bellend legen sie sich ins Geschirr und ziehen wie die Teufel. Die beladenen Schlitten wiegen nahezu 400 Kilogramm. Oft müssen alle Huskys gemeinsam vor nur einen Schlitten gespannt werden, damit die Steigungen bewältigt werden können.

Doch selbst im Schneesturm kommt das Amundsen-Team noch voran – und schneller als geplant. Täglich

Links: Die Motorschlitten erweisen sich als Fehlinvestition. Sie müssen nach jedem Kilometer für eine halbe Stunde anhalten, damit der überhitzte Motor abkühlen kann.

Oben: Olav Bjaaland hobelt bis zuletzt die Schlitten zurecht und macht sie um zehn Kilogramm leichter – eine erhebliche Verbesserung.

Wir verfluchten die Motorschlitten. Drei Motoren zu 1000 Pfund. 19 Ponys zu je fünf Pfund. Wenn Scott es nicht bis zum Pol schafft, hat er es wirklich verdient. Scott geht nun auf, was für Krüppel unsere Ponys sind, und macht ein langes Gesicht.

Rittmeister Oates, Tagebuchaufzeichnung von November 1911

Die Ponys hatten je nach ihrer Stärke eine Last zwischen 448 und 695 Pfund zu ziehen.

Es ist mehr Pech, als wir verdient haben. Was macht ein bisschen Glück doch aus. Solche Probleme konnte niemand voraussehen. Unmöglich, sich darauf vorzubereiten.

Robert Falcon Scott, Tagebuchaufzeichnung vom 4. Dezember 1911

Antarktis-expeditionen

Schon in der Antike vermutete man die Existenz eines großen Südkontinents. Doch erst im Jahre 1773 gelang es dem britischen Seefahrer James Cook, sein Schiff ins Südpolarmeer zu steuern, und erst um 1820 wurde die Antarktis erstmals von Seefahrern wie dem russischen Admiral von Bellingshausen gesichtet. Ihnen folgten Forscher wie James Ross und Charles Wilkes. Teile der Antarktis und des Südpolarmeeres wurden nach diesen und anderen Pionieren benannt. 1897/98 überwinterte eine Expedition unter belgischer Führung in der Südpolarregion und eröffnete damit das Zeitalter der Antarktisforschung.

arbeiten sie sich fünf Stunden vorwärts. Den restlichen Tag ruhen sie aus. Amundsen bleibt noch Zeit, die beeindruckende Natur in sich aufzunehmen, die vor ihm noch nie ein Mensch gesehen hat. Amundsen und seine Leute genießen selbst diesen anstrengendsten Teil der Reise.

Ganz anders ergeht es Scott. Zur selben Zeit, als Amundsen trotz des grimmigen Wetters die gewaltige Natur in der Gletscherwelt der Antarktis bewundert, beginnt Scott an den Naturgewalten zu verzweifeln. Anfang Dezember muss Scotts Gruppe am Fuße des riesigen Beardmore-Gletschers tagelang in ihren Zelten bleiben und auf besseres Wetter warten. Draußen tobt ein Orkan, und Scott hadert mit seinem Schicksal.

Das Trommeln des ununterbrochen herabwirbelnden Schnees zermürbt Scott. Wann legt sich dieser Sturm endlich? Wann? Wenn die Männer nach draußen gehen, um nach den Ponys zu schauen, sinken sie bis über die Knie in den Schneematsch ein. Scott beschleicht schon da das Gefühl, „dass mein ganzer Plan misslingt – misslingen muss!“ Die Ponys werden unter Massen von Schnee begraben, ständig müssen sie freigeschaufelt werden. Sie sind wie mit einer Eisschicht überzogen, Stunde um Stunde wird ihr Anblick trostloser. Die Lage ist verzweifelt. Vielleicht halten die Tiere noch zwei Tage durch, wahrscheinlicher ist, dass sie nur noch den nächsten Tag überleben. Endlich begreift auch Scott, dass ihm Ponys auf dem Weg über den Gletscher keine Hilfe sein können. Am 9. Dezember hat die Quälerei für die Tiere ein Ende: Scott lässt sie erschießen. Immerhin können sie das Fleisch in den Depots lagern.

Als Scott sich am 9. Dezember 1911 endlich an den Anstieg des Gletschers wagt, ahnt er nicht, dass Amundsen zu diesem Zeitpunkt schon einen Vorsprung von 450 Kilometern hat. Die beiden Hundeführer mit den sibirischen Huskys schickt Scott zurück ins Basislager. Die Tiere haben ihm mühelos 240 Kilogramm Gepäck abgenommen. Obwohl er sich von ihrer Verlässlichkeit mit eigenen Augen überzeugen konnte, glaubt er nicht an ihren Nutzen. Hunde sind etwas für Eskimos, nicht für Engländer, ist seine unumstößliche Meinung.

In schnellem Tempo verschwinden die Gespanne in nördlicher Richtung aus seinem Blickfeld. Im Verlauf der nächsten Wochen schickt Scott weitere acht Männer, die ihn zur Unterstützung begleitet haben, zurück. Die Rückkehrer sind tief betrübt, dass ihnen die Chance, den Südpol zu erreichen, verwehrt wird. Trotz aller Strapazen wären sie nur zu gern im Polteam.

Mit vier Männern – Wilson, Bowers, Oates, Evans – und einem Schlitten macht sich Scott schließlich auf den Weg zum Pol.

Edward Wilson ist Arzt und außerdem ein talentierter Zeichner. Sehr kameradschaftlich, zuverlässig und immer gelassen und zuversichtlich. Auch bei Scotts vorangegangenem Versuch, den Südpol zu erreichen, war er dabei. Der 1,63 Meter kleine Henry Bowers mit der großen Hakennase, die ihm den Spitznamen „Birdie“ – Vögel-

Oben: Der exzellente Hundeführer Cecil H. Meares. Scott schickt ihn mit seinem Gespann ins Basislager zurück.

Ein märchenhaftes Land. Gipfel über Gipfel, Fels auf Fels – wild und zerklüftet liegt es vor uns, niemand hat es bis jetzt gesehen, kein Mensch je betreten. Es ist ein einzigartiges Gefühl, hier zu reisen.

Roald Amundsen, Tagebuchaufzeichnung vom 11. November 1911

chen – eintrug, wirkt etwas moppelig mit seiner gemütlichen Speckschicht, hat aber ungeheure Kräfte. Er gilt als der zäheste von allen. Titus Oates, der so wunderbar mit Pferden umgehen kann, ist als schweigsam bekannt. Und als bemerkenswert tapfer. Als Offizier der britischen Armee hat er sich in Südafrika ausgezeichnet. Und der bärenstarke Edgar Evans, der einen Kopf größer als die anderen ist und der schon als 14-Jähriger zur See fuhr, ist für die gute Laune im Team verantwortlich. Immer hat er einen lockeren Spruch auf Lager. Edgar Evans' unverwüstlichem Humor ist es dann wohl auch zu verdanken, dass die Stimmung im Team trotz der ungeheuren Anstrengung des Schlittenziehens fröhlich bleibt. Wenigstens zu Beginn.

Die Männer ziehen den schweren Schlitten an Hüftgurten, die mit weiteren Gurten zudem noch über die Schultern laufen, die steilen Hänge hoch. Oft sinken sie bis an die Oberschenkel in den Schnee ein, auch der Holzschlitten versinkt. Scott kommt er so schwer wie Blei vor. Kommen sie an ein Wegstück mit eisigem, glattem Untergrund, rutscht der Schlitten den Hang wieder hinunter, und die Männer müssen höllisch aufpassen, nicht mitgerissen zu werden. Sie verausgaben sich schon zu Beginn der Reise. Ein fataler Fehler bei der gewaltigen Strecke, die noch vor ihnen liegt.

Nur unter einem erfahrenen Schlittenhundeführer läuft ein Gespann problemlos auch über schwieriges Gelände. Huskys und ihr „Musher", wie man die Hundeführer auch nennt, bilden eine Einheit.

Täglich neun, manchmal zehn Stunden kämpfen sie sich durch die grenzenlose weiße Wüste. Oft sehen sie im dichten Nebel kaum ihren Vordermann. Nach drei Wochen sind die Witzeleien, mit denen sie sich zu Beginn des Marsches noch gegenseitig Mut machten, verstummt. Ganze Tage sprechen sie kaum ein Wort miteinander. Schweigend ziehen sie ihre ungeheure Last. Zum Sprechen fehlt ihnen einfach die Kraft.

Sie sehen keine Spuren von Amundsen und seinen Hunden. Daher geben sie die Hoffnung nicht auf, dass sie den Wettlauf gewinnen werden.

4c)

Polarfuchs und Berglöwe

>>> **Als der deutsche Polarfahrer** Arved Fuchs am 13. November 1989 im Flugzeug sitzt – einer zweimotorigen Twin Otter –, das ihn an den Rand des antarktischen Kontinents bringt, fragt er sich, ob ihm, wie Amundsen das ausgedrückt hat, auch wirklich „kein Hosenknopf fehlt". Unter ihm erstreckt sich, scheinbar unendlich weit, die Eislandschaft. Beängstigend, unüberschaubar, abweisend wirkt das Gletschereis. Mit ihren breiten zerklüfteten Gletscherspalten kommt ihm die Eiswüste unter ihm wie ein Irrgarten vor. Mindestens drei Monate will er durch diese Landschaft ziehen. Wenn er bei der Vorbereitung Fehler gemacht hat, dann wird er auf der vor ihm liegenden Expedition bitter dafür bezahlen müssen.

Arved Fuchs hat bereits mit verschiedenen Expeditionen als Polarfahrer auf sich aufmerksam gemacht. Kaum fünf Monate ist es her, da ist er zu Fuß zum Nordpol gelaufen – eine Strecke von

Die robusten, zuverlässigen Twin-Otter-Flugzeuge gelten als Arbeitstiere der Antarktis.

Steckbrief Arved Fuchs

Arved Fuchs wird am 26. April 1953 in Bad Bramstedt geboren. Nach einer Ausbildung bei der Handelsmarine studiert er Schiffsbetriebstechnik. Danach beschließt er, Eiswanderer und Segler zu werden. Seine wichtigsten Expeditionen: **1980** Überlebenstraining bei kanadischen Inuit | **1983** Hundeschlittenexpedition über das grönländische Inlandeis | **1984** Erste und bis heute einzige Winterumrundung von Kap Hoorn mit einem Faltboot | **1985** Kajakexpedition zum magnetischen Nordpol | **1989/90** Expedition zum Nordpol und zum Südpol in nur einem Jahr | **Seit 1991** fährt er mit seinem Haikutter *Dagmar Aaen* auf den Spuren historischer Expeditionen durch die Polarmeere. Dabei hat er als Erster den Nordpol umsegelt und in einem originalgetreuen Nachbau Shackletons legendäre Fahrt im Rettungsboot nachvollzogen.

Schon als Kind hat Arved Fuchs die Erforschung der Polargebiete fasziniert. Er setzt sich seit Jahren intensiv für den Umwelt- und Klimaschutz ein.

1000 Kilometern. Er hat genau wie Amundsen eine Art Lehrzeit bei den Eskimos verbracht. Sie haben ihn auf ausgedehnte Jagdausflüge mitgenommen und ihm gezeigt, wie man im Eis überleben kann. Er hat die Eislandschaft auf verschiedenste Art durchwandert. Mit einem Faltboot erreichte er den magnetischen Nordpol. Um sein Ziel zu erreichen, driftete er zwei Wochen lang auf einer Eisscholle. Aber das, was er sich jetzt vorgenommen hat, ist mit Sicherheit die größte Herausforderung, der er sich je gestellt hat.

Arved Fuchs will gemeinsam mit dem Bergsteiger Reinhold Messner die gesamte Antarktis durchqueren. Ein Marsch von Küste zu Küste unter Einbeziehung des Südpols. Die Strecke ist keine flache Eisbahn, sie führt über gewaltige Gletschersysteme. Die beiden Abenteurer wollen zu Fuß gehen und ihre Schlitten über die

Reinhold Messner 1980 während der Besteigung des Mount Everest, den er als Erster im Alleingang und ohne zusätzlichen Sauerstoff bezwang

Steckbrief Reinhold Messner

Reinhold Messner, bekanntester Extrembergsteiger der Welt, wurde am 17. September 1944 in Brixen, Südtirol, geboren. Nach dem Studium der Vermessungskunde in Padua arbeitete er eine Zeitlang als Mathematiklehrer. Einige seiner wichtigsten Expeditionen und Projekte: **1978** bestieg er als Erster den Mount Everest ohne Sauerstoffgerät. | **1980** bestieg er den Mount Everest als Erster im Alleinaufstieg, ebenfalls ohne Sauerstoffgerät. | **1970–1986** Besteigung aller 14 Achttausender der Welt. Auch dabei verzichtet er auf Atemhilfen. | **Seit den 1980er Jahren** Engagement für den Umweltschutz | **1989/90** Antarktis-Expedition mit Arved Fuchs | **1992** Durchquerung der Wüste Takla Makan | **2004** Durchquerung der Wüste Gobi im Alleingang

Die Schiffe der historischen Polarfahrer waren der großen Gefahr ausgesetzt, im Winter vom Eis regelrecht zerquetscht zu werden. Hier ein Bild der *Fram* in einer Eispressung von 1895

unvorstellbar weite Strecke von 2800 Kilometern selbst ziehen. Genau wie Scott und seine Männer, die an der „Knochenbrecherei" oft verzweifelten.

Reinhold Messner ist einer der berühmtesten Bergsteiger unserer Zeit. Mit seinem Alleingang auf den Mount Everest, bei dem er auf die Mitnahme von zusätzlichem Sauerstoff verzichtete, schrieb er 1980 Geschichte. Als erster Mensch hat er alle 14 Achttausender der Erde ohne Hilfe von Atemgeräten bezwungen, mit „fairen Mitteln", wie er das nennt. Die Antarktis zu Fuß zu durchqueren und dabei sein Gepäck aus eigener Kraft zu transportieren ist etwas, was gut zu ihm passt. Er liebt es, an seine Grenzen zu gehen. Am liebsten darüber hinaus. Die Durchquerung der Antarktis bietet ihm dazu eine gute Gelegenheit.

Die Reise gilt als undurchführbar. Schon der englische Polarfahrer Ernest Shackleton scheiterte 1914 daran. Sein Plan: Er wollte, begleitet von sechs Männern, auf Hundeschlitten den Kontinent durchqueren. Ein neuartiger Motorschlitten sollte die Expedition unterstützen. 1914 rüstete Shackleton zwei Schiffe aus. Das eine, die *Aurora*, fuhr zum McMurdo-Sund, und die Mannschaft legte

Kleidung gestern und heute

Roald Amundsen: 1 Anzug aus grönländischem Seehundfell | Unterkleidung aus dicker Wolle | 2 handgestrickte Unterjacken aus Wolle | 2 leichtere Unterjacken | 2 Paar Strickstrümpfe | Island-Pullover | Handschuhe aus Bärenfell | Schuhe aus Robbenfell | Stiefel, Schuhe, Unterwäsche aus Beständen der norwegischen Armee

Arved Fuchs: Unterhosen | zusätzlich 3 Paar lange Funktionsunterhosen | Fleecehose und -jacke | Latzhose und Anorak aus Gore Tex, Kapuze mit Fellbesatz | Belaclava | mehrere Mützen | Daunenjacke und -hose | Schneebrille mit Gesichtsmaske | normale Gletscherbrille | mehrere Paar Strümpfe | mehrere Paar Handschuhe | dicke Stulpen

auf dem Ross-Schelfeis Lebensmitteldepots an. Shackleton selbst steuerte sein Schiff, die *Endurance,* ins Wedell-Meer mit Richtung Filchner-Schelfeis. Hier war für ihn Endstation. Das Packeis nahm die *Endurance* in die Zange und presste sie mit solch einer Wucht zusammen, dass sie in 1000 Teile zerbrach und sank. Shackleton kam bei seinem Vorhaben, die Antarktis zu durchqueren, also nicht mal an seinen Ausgangspunkt. Dass seine Unternehmung dennoch als eine Achtung gebietende, grandiose, einzigartige Leistung angesehen wird, hat damit zu tun, dass es Shackleton gegen alle Wahrscheinlichkeit und allen Widrigkeiten zum Trotz schaffte, seine gesamte Mannschaft unbeschadet zurück nach England zu bringen. Bis heute kann kein Mensch verstehen, wie es ihm gelingen konnte, in einem klitzekleinen offenen Beiboot der *Endurance* wochenlang 1300 Kilometer durch das südliche Polarmeer zu manövrieren, um Hilfe für seine Männer herbeizuholen, die währenddessen auf einer sturmumtosten Insel auf ihn warteten. Ein Meer, in dem Eisberge schwimmen und das für seine verheerenden Stürme berüchtigt ist. Shackleton hatte unverschämtes Glück, dass er das Abenteuer überlebte. Nach ihm hat nie wieder jemand die Durchquerung der Antarktis zu Fuß versucht. Messner und Fuchs sind die Ersten.

Unten: Skisegel im Einsatz. Man bezeichnet sie auch als Zugdrachen oder Parawings.

Ganz unten: Fuchs und Messner nehmen zwei verschiedene Skimodelle mit: schmale Telemarkskier für ebene Flächen und breitere Tourenskier, die sie benutzen, wenn das Skisegel zum Einsatz kommt.

Die beiden Männer sind zuversichtlich, dass sie gute Chancen haben durchzukommen. Genau wie Scott und Amundsen haben auch sie einen Trumpf im Ärmel. In ihrem Expeditionsgepäck befindet sich ein eigens konstruiertes Skisegel, das sie bei günstigem Wind über weite Strecken ziehen soll. Bereits Scott befestigte auf dem Rückweg vom Südpol an seinem Schlitten ein Segel, das das Schlittenziehen erleichtern sollte. Die Idee ist also nicht neu. Aber die Ausführung: Das moderne Segel von Fuchs und Messner wird mit einem Hüftgurt direkt am Mann befestigt. Es verfügt über einen Steuerstab, mit dem man das Segel nach dem Wind ausrichten kann. Im Idealfall zieht der Wind die Männer und mit ihnen ihre Schlitten ohne großes weiteres Zutun über die endlosen Ebenen. Die Handhabung des Segels erfordert allerdings viel Geschick und günstige Winde.

Und günstige Winde werden sie brauchen: Sie müssen vor dem Einsetzen der Winterstürme das Ross-Meer erreichen. Ihnen bleiben also nur etwa 100 Tage für die 2800 Kilometer weite Strecke – das macht Tagesmärsche von durchschnittlich 28 Kilometern.

Ihre moderne Ausrüstung stellt einen großen Vorteil gegenüber den alten Expeditionsausrüstungen dar. Sie verfügen über satellitengestützte Navigationsinstrumente, über leichte, funktionale Kleidung, die schnell trocknet und viel besser warm hält, und sie greifen auf ein ausgeklügeltes Ernährungsprogramm zurück, das sie optimal versorgen wird. Außerdem verfügen sie über äußerst leichte Schlitten.

Sonnenuhr (links) und Kompass. Geräte, die Scott auf seiner Antarktisexpedition mit sich führte

„Ob wir Erfolg haben werden oder scheitern, entscheidet sich aber im Kopf", sagt Arved Fuchs und versucht damit zu erklären, wie wichtig die richtige Vorgehensweise, die richtige Taktik ist. Dass Scotts Strategie, seine Männer jeden Tag möglichst lange laufen zu lassen, falsch war, weiß Fuchs aus eigener Erfahrung. Für die lange Wanderung nutzt er das Konzept der „Ökonomie des Laufens", wie er es nennt. Das bedeutet, dass man sich dazu zwingt, Pausen zu machen, lange bevor man erschöpft ist. Konkret heißt das: eine Stunde gehen, 15 Minuten Pause, wieder eine Stunde gehen. Sechs Stunden täglich, auf keinen Fall mehr. So hat es auch Amundsen gehalten.

Fuchs hat über jedes Detail der Expedition gründlich nachgedacht. Was sich während seiner 1000 Kilometer langen Wanderung zum Nordpol bewährt hat, übernimmt er für die Wanderung zum Südpol. Zum Beispiel die Pulka, den Schlitten. Ein Freund hat ihn

Die Qualität eines Abenteuers drückt sich für mich nicht in möglichst vielen und extremen Gefahrenmomenten aus, sondern im intensiven Erleben.

Arved Fuchs

„Erst heute, mit dem umfangreichen Wissen über diesen Kontinent, mit Landkarten, leichten Werkstoffen und ernährungswissenschaftlichen Erkenntnissen, lässt sich dieses Projekt – die Durchquerung der Antarktis zu Fuß – durchführen", meint Arved Fuchs.

hergestellt. Er ist Bootsbauer, und die Pulka sieht aus wie ein flaches Ruderboot. Eine leichte Plane schützt die Ausrüstung. Der Schlitten wird den extremen Belastungen gewachsen sein.

Die einzige unbekannte Größe ist, wie er mit seinem Expeditionspartner Reinhold Messner auskommen wird. Sowohl die kör-

Navigieren am Südpol

Heute benutzt man zum Navigieren GPS-Geräte. Fuchs setzte zudem wie Scott und Amundsen einen Sextanten mit künstlichem Horizont und einen Magnetkompass ein. Der Sextant besteht aus einem Teleskop, den Horizontspiegeln und einem Dreharm, dem Limbus. Man misst den Winkel zwischen dem künstlichen Horizont und einem Gestirn (im Polarsommer ist das nur die Sonne) zu einer genau bestimmten Zeit, schaut in einer Tabelle nach und berechnet danach den Standort. Der Magnetkompass funktioniert am Pol problemlos, da er sich nach dem Magnetpol richtet, der weit vom geographischen Pol entfernt liegt. Man muss allerdings die genaue Missweisung kennen, die immer für eine bestimmte Region gilt, um den Kurs zu korrigieren.

perliche als auch die psychische Belastung wird enorm sein. Wie werden sie nach sieben, acht, neun, nach zwölf Wochen auf engstem Raum miteinander klarkommen?

Krachend setzen die Gleitkufen des Flugzeuges auf der Schneekruste auf. Fuchs und Messner schnallen sich die Skier an, vermummen sich gegen den eisigen Wind und setzen ihre Gletscherbrillen auf. Ihr Gepäck wird abgeladen, dann ist die Twin Otter schon wieder in der Luft. Die beiden sportlichen Männer, die mit ihren dunklen Haaren und den Vollbärten wie Brüder aussehen, sind allein in der größten Eiswüste der Erde. Auf sich selbst gestellt. Das nächste Depot, an dem sie auf dem Weg zum Südpol neue Vorräte aufladen können, befindet sich in den Thiel-Bergen. 500 Kilometer weit weg. Der Weg dorthin ist holprig, eine einzige Stolperstrecke über die eisharten Schneewehen hinweg. Über drei Monate wird die Sonne nicht untergehen. Wann ist Tag, wann Nacht? Wann soll man laufen, wann ruhen? In den ersten Tagen wird es für die beiden Män-

Wind-Chill-Faktor

Der Wind-Chill (englisches Wort für Windkühle) beschreibt den Unterschied zwischen der gemessenen Temperatur und der gefühlten Temperatur. Wenn ein stürmischer Wind weht, fühlt sich die Temperatur auf der Haut kälter an, als das Thermometer anzeigt. Je höher die Windgeschwindigkeit, desto niedriger die gefühlte Temperatur. Als Beispiel: Bei minus 30 Grad und einer Windstärke von 60 Stundenkilometern beträgt die gefühlte Wind-Chill-Temperatur minus 50,3 Grad. Bereits ab minus 29 Grad kann es zu Erfrierungen kommen.

Bei einer Antarktiswanderung gibt es zwei große Schwierigkeiten: Der Weg über die Sastrugi-Felder birgt eine große Verletzungsgefahr, und in den Pausen kühlt man schnell aus, weil man sich nirgendwo vor dem eisigen Wind schützen kann.

ner vor allem darum gehen, einen gemeinsamen Rhythmus zu finden. Hat man den gefunden, ist viel erreicht. Dann geht das Laufen wie von allein. Die extreme körperliche Anstrengung macht ihnen weit weniger Sorgen als das Untätigsein, das Rasten. Werden sie durch Stürme dazu gezwungen, im Zelt auf besseres Wetter zu warten, könnte das das vorzeitige Aus für die Unternehmung bedeuten. Dann käme der Winter, bevor sie am McMurdo-Sund angelangt sind. Dann wäre aller Aufwand, den sie bis hierher betrieben haben, umsonst. Auf alles andere sind sie eingestellt. Sie werden auf 3000 Meter Höhe aufsteigen müssen. Auf der Hochebene werden die Temperaturen sinken, und der Wind wird zunehmen.

Also los jetzt! Die beiden Männer werfen sich ins Geschirr. Es gibt einen Ruck. Zunächst bewegen sich die 80 Kilogramm schweren Schlitten nicht vom Fleck. Dabei haben Fuchs und Messner wirklich nur die notwendigste Ausrüstung mitgenommen: Zelt, Kleidung, Kocher, Ersatzski, Skisegel, Medikamente, Navigationsinstrumente, Kartenmaterial, Funkgeräte für den Notfall und vor allem Essen. 5000 Kalorien müssen sie täglich zu sich nehmen, so viel wie 22 Käsebrote, und dennoch werden sie kiloweise Gewicht verlieren. Im Schneckentempo beginnt die Expedition. Nach drei Stunden sind sie sieben Kilometer vorangekommen. Angesichts der Gesamtstrecke lächerlich. Sie bauen das Zelt auf und rasten. Sie lernen die Handgriffe, die die nächsten drei Monate zu ihrem Alltag gehören werden. Das Zelt auslegen, mit Eispickeln fixieren, Ausrüstung ins Zelt bringen, Kocher anwerfen, Gesichter enteisen, alle Kleidung bis auf die Unterwäsche aus-

Zwei gestandene, erprobte Abenteurer. Es müsste schon mit dem Teufel zugehen, wenn wir nicht an einem Strang ziehen würden.

Arved Fuchs

Es dauert etwa 45 Minuten, bis das Lager abgebaut ist. „Morgens friert man und möchte so schnell wie möglich los und seinen Rhythmus für den Tag finden", erinnert sich Fuchs.

ziehen, zum Trocknen aufhängen, zwei Stunden Kochen – so lange dauert es, bis die Mahlzeit warm ist –, essen, plaudern, lesen, Tagebuch führen, schlafen. In der ersten Nacht spüren sie, wie sich draußen das Wetter merklich verschlechtert.

Am nächsten Morgen erlebt Messner zum ersten Mal ein „White out". Weiße Nacht, so könnte man dieses Phänomen nennen, mit dem auch Amundsen auf dem Weg über den Teufelsgletscher zu kämpfen hatte. Eigentlich ist es taghell, aber man sieht absolut nichts. Nebel und Wolkenfelder verwandeln die weiße Welt in eine undurchdringliche Suppe. Wie Blinde tasten sich Fuchs und Messner vorwärts. Ohne ihre Navigationsinstrumente wären sie verloren. Arved Fuchs hat neben den modernen Geräten auch einen Sextanten dabei, wie ihn Scott und Amundsen benutzt haben. Fuchs, der das Seemannshandwerk bei der deutschen Handelsmarine gelernt hat, beherrscht das Instrument souverän. So werden sie sich auch nicht verirren, wenn die moderne Technik versagen sollte. Die Arbeitsteilung zwischen Fuchs und Messner sieht vor, dass Fuchs

Eismasse

Auf dem Festland des Kontinents Antarktika liegt die größte Eismasse der Erde. Die Eisschicht ist bis zu 4,5 Kilometer hoch und hat das unvorstellbare Gewicht von 27 Billionen Tonnen. Die Eiskappe ist ein einziger mächtiger Gletscher. So schwer ist die Last für den Kontinent, dass er sich im Laufe von Jahrmillionen gesenkt hat: um 800 Meter! Unter dem gewaltigen Druck des Eises wurde die Erdkruste eingedrückt.

Links: Ein Schneesturm fegt über das Zelt hinweg. Der Schnee ist trocken wie Sand.

die Navigation übernimmt. Messner kümmert sich in der Zeit um Auf- und Abbau des Zeltes.

Die Welt, durch die die beiden Männer ziehen, muss man sich wie einen riesigen gefrorenen Ozean vorstellen. Eine Welt ohne Gerüche, ohne Laut, abgesehen vom Heulen des Windes, und ohne den kleinsten Anhaltspunkt für das Auge. Ein gefrorenes Meer von Horizont zu Horizont mit Wellen aus Eis. Diese Eiswogen – eigentlich zu Eis erstarrte Schneewehen – machen den Boden unregelmäßig und furchig. Sastrugis nennt man diese harten, kantigen, im Durchschnitt vielleicht einen Meter hohen Hindernisse. Sie werden von den heftigen Winterstürmen geformt. Die Tour über die Sastrugi-Felder ist eine große Herausforderung für Fuchs und Messner. Die Skier verkannten sich darin, die 80 Kilo schweren Schlitten lassen sich nur mühsam darüberzerren. Der Boden ist hart wie Beton. Nach den ersten Tagen haben beide Abenteurer Probleme mit Blasen an den Füßen. Während sie bei Messner bald wieder abgeheilt sind, muss Arved Fuchs sich an den brennenden Schmerz bei jedem Schritt, den er tut, gewöhnen. Auf seiner Wanderung zum Nordpol wurde Arved Fuchs von einem Mann begleitet, dessen Blase am Fuß sich zu einer bösen Entzündung entwickelte. Das Loch, das dabei entstand, fraß sich fast bis zum Knochen durch. Was macht man, wenn es so schlimm kommt? Weitergehen! Einfach weitergehen. Was sonst? Damit Arved Fuchs durch seine Blutblasen nicht am Gehen gehindert wird, durchsticht er seinen Fußballen mit einer Stopfnadel und befestigt als ständige Einrichtung einen Faden in den Blasen. Über ihn suppt das mit Blut durchsetzte Wundwasser heraus. Antarktisexpeditionen sind nichts für Weicheier.

Das Skisegel können sie in den ersten Wochen so gut wie nicht einsetzen. Der Wind weht aus der falschen Richtung. Außerdem ist die Verletzungsgefahr auf den Sastrugi-Feldern enorm groß. Ihr

Trumpf sticht also noch nicht richtig. Ihnen bleibt nichts anderes übrig, als zu laufen. Langsam ziehen sie ihre Spur durch die beißende Kälte.

Ihr Tempo liegt bei nur 3,2 Kilometern in der Stunde. Messner würde gern schneller vorankommen. Sie sprechen häufig darüber. Arved Fuchs versucht, Messner zu beruhigen. „Wir brauchen auch am Ende, nach 80, 90 oder 100 Tagen Wanderung, noch Reserven", sagt er. „Das Tempo ist genau richtig." Doch Messner wird immer unruhiger, gerät in einen rastlosen Spannungszustand. Besonders an Tagen, an denen sie gänzlich pausieren müssen, weil der Sturm sie ins Zelt zwingt. Wenn es klamm und ungemütlich wird und sie feststecken. Dann überkommt ihn die Sorge, dass sie die Durchquerung nicht vor dem Winter zu Ende bringen können.

„Man kann in diesen riesigen Naturlandschaften als Menschlein nichts erzwingen", sagt Fuchs, der Polarfahrer, und bleibt gelassen. Messner dagegen, den Mann der Berge, belastet das Untätigsein so stark, dass er sich an Marschtagen weigert, wie verabredet nach jeder Stunde zu pausieren. Er besteht darauf, jeden Tag länger zu laufen. Sieben, acht, neun Stunden. Er hat ständig das Gefühl, Zeit wiedergutmachen zu müssen. Fast so, als befände er sich auf einem Wettlauf. Arved Fuchs lässt sich darauf ein, auf Pausen zu verzichten, aber er hat kein gutes Gefühl dabei.

Am 6. Dezember erreichen sie ihr Vorratsdepot an den Thiel-Bergen, von hier sind es noch 530 Kilometer bis zum Pol.

Der Weg führt jetzt über die Höhe. Die Temperaturen fallen auf minus 30 Grad. Inzwischen läuft Messner zumeist kilometerweit voraus. Er kann nicht anders. Arved Fuchs dagegen hält wie ein Uhrwerk das Tempo und die Pausen ein, wie er es sich vorgenommen hat. Abends am Zelt treffen sie wieder zusammen. Alle vier Tage überschreiten sie einen Breitengrad. Sie kommen also gut voran, jeder auf seine Weise.

Für die Navigation ist es gut, dass Messner vorausläuft. So hat Fuchs einen Fixpunkt, den er anpeilen kann.

Umweltverschmutzung durch Forschung?

Fuchs und Messner wollten mit ihrer Wanderung 1989 die Aufmerksamkeit der Medien auf die Bedrohung der antarktischen Wildnis durch den Menschen lenken. Eines von vielen Problemen: Einige Forschungsstationen hinterließen jede Menge Müll, der sich wegen der Kälte nicht zersetzte. Inzwischen hat sich vieles gebessert. Die Stationen fliegen heute allen Müll, den sie verursachen, in ihre Heimatländer aus.

Heiligabend sind sie nur noch vier bis fünf Tagesmärsche vom Pol entfernt. Ob sie ihn wohl bis Silvester erreichen? Dann hätte Arved Fuchs einen Rekord gebrochen. Er wäre der Erste, der innerhalb eines Jahres sowohl den Nordpol als auch den Südpol zu Fuß erreicht hätte. Gut fünf Wochen sind sie jetzt unterwegs. Der Ort, an dem sie Weihnachten feiern, ist trostlos. Sie vermissen ihre Freunde, ihre Familien und den fröhlichen Weihnachtstrubel daheim. Das Wetter ist auf der gesamten Expedition weitaus schlechter gewesen, als sie erwartet hatten. Beide leiden unter einem quälenden Husten, der sie nachts lange nicht zur Ruhe kommen lässt. Sie sind stark abgemagert. Fast 900 Kilometer ist Arved Fuchs unter heftigen Schmerzen gegangen. Seine Füße haben sich unter der ungeheuren Belastung nie erholen können. Beide werden wegen der schweren Schlitten, die sie ziehen, von Sehnenscheidenentzündungen geplagt. Der ganze Körper tut weh. Seit mehr als fünf Wochen haben sie nicht mehr geduscht. Die Liste der Entbehrungen ließe sich endlos fortsetzen.

Weihnachten sollte man ganz woanders sein, im Warmen, bei seinen Freunden. Etwas wehmütig streifen ihre Gedanken in die Ferne.

Aber dann backt Messner aus Müsli, Schokolade und Wasser einen Kuchen. Wie das duftet! Und wie das erst schmeckt! Sensationell! Sie freuen sich wie die kleinen Kinder über ihren Weihnachtskuchen.

Der Gigant im tiefen Süden zeigt sich rau und unnahbar, ist aber in seinem ökologischen System leicht verwundbar.

Arved Fuchs

5

Am Ziel

Zurück ins Jahr 1911 zu Scott und Amundsen.

Als Scott am 9. Dezember seinen Anstieg auf den gewaltigen Beardmore-Gletscher erst beginnt, ist Amundsen nur noch 171 Kilometer vom Pol entfernt. Die lange Wanderung hat auch bei dem Norweger Spuren hinterlassen. Er hat Erfrierungen im Gesicht, seine ganze linke Seite ist entzündet. Seine Huskys werden gefährlich. Vor lauter Hunger beißen sie in das Holz der Schlitten. Inzwischen muss man jede Minute höllisch auf sie aufpassen, sonst werden sie zu einer Gefahr für die Menschen. Trotzdem kommen sie immer noch gut voran.

Amundsen benutzt sehr schmale und mit 2,5 Metern ungewöhnlich lange Skier. Dadurch verteilt sich sein Körpergewicht besser, was das Überqueren von Schneebrücken über Gletscherspalten sicherer macht.

13. Dezember. 89 Grad 45 Minuten südlicher Breite. Noch 27 Kilometer bis zum Pol. Amundsen ist nervös. Sie sind weit besser vorangekommen, als er es sich in seinen kühnsten Träumen ausgerechnet hat: An guten Tagen schaffen sie phänomenale 40 Kilometer. Die Hunde haben selbst die höchsten Erwartungen übertroffen. Eigentlich müsste seine Rechnung aufgehen. Eigentlich müssten sie die Ersten sein. Dass Scott mit seinen Ponys nie im Leben über den Beardmore-Gletscher kommen kann, war Amundsen von Anfang an klar. Wenn da nur nicht Scotts Motorschlitten wären!

Es ist der 14. Dezember 1911, und Amundsen ist so unruhig wie noch nie in seinem Leben. Wenn alles gutgeht, werden sie an diesem Tag den Pol erreichen. Verbissen gucken er und seine Männer auf den Kompass, dann nach vorn in Richtung Südpol, dann wieder auf den Kompass. Und dann sind sie sich ganz sicher: Sie haben den südlichsten Punkt der Erde erreicht. Den Ort, von dem aus alle Wege nach

Amundsens Hundegespann vor dem Aufbruch. Seine Schlitten sind jeweils vier Meter lang. Die Kufen sind mit Stahl beschlagen. Das Messrad am hinteren Ende misst die zurückgelegte Entfernung.

Norden führen. Keiner sagt etwas. Stille. Sie sehen sich um. Und schauen in jede Himmelsrichtung und vergewissern sich noch mal und noch einmal. Dann steht fest: Weit und breit können sie keine englische Fahne entdecken. Sie sind die Ersten.

Bewegt und stolz pflanzt Amundsen die norwegische Flagge am Südpol auf.

Dann wird gefeiert. Ein Festmahl aus Seehundsteaks, Zwieback und reichlich Schokolade wird bereitet. Das Flattern der Fahne klingt wie Musik in ihren Ohren, während sie im warmen Zelt zusammensitzen. Übermütig gravieren sie in jeden Gegenstand, den sie bei sich tragen, das bedeutungsvolle Datum und das Wort „Südpol“ ein.

Drei Tage und fünf Stunden bleiben sie vor Ort und ruhen sich aus. Sie lassen für Scott ein Ersatzzelt und ein paar unbrauchbar gewordene Ausrüstungsgegenstände da. Oben auf dem Zelt weht die norwegische Flagge, im Zelt liegen zwei Briefe. Einer ist an König Haakon VII., der andere an Scott.

Dann nehmen sie ihre Mützen ab, verbeugen sich ein letztes Mal vor der norwegischen Fahne und machen sich auf den Rückweg.

Jetzt können wir im Liegen zum Pol blicken, und ich höre die Achse schon knarren. Wir sind alle äußerst gespannt. Werden wir dort die englische Fahne entdecken? Gott sei uns gnädig!

Olav Bjaaland, Tagebuchaufzeichnung vom 13. Dezember 1911

Olav Bjaaland und Oscar Wisting führen am Südpol meteorologische Messungen durch. Auf dem Foto eine handschriftliche Widmung von Olav Bjaaland aus dem Jahr 1960

Liebe und Stolz leuchtete aus den fünf Augenpaaren, die zusahen, wie die Flagge sich entfaltete und dann über dem Pol im Wind flatterte.

Roald Amundsen in seinem Expeditionsbericht

Der Weg zurück gleicht einem Spaziergang. Jedes ihrer Depots hält ausreichend Lebensmittel und Brennstoff bereit. Nach ein paar Tagen ist Weihnachten. Da sitzen sie in ihrem warmen Zelt, rauchen dicke Zigarren und schmelzen den Schnee, um Weihnachtsgrütze zu kochen. „Ich bezweifele sehr, dass irgend jemandem daheim in Norwegen seine Weihnachtsgrütze besser geschmeckt hat als die unsere da drunten in dem Zelt auf der Antarktischen Hochebene“, schreibt Amundsen über diesen unvergesslichen Weihnachtsabend.

Weihnachten bei Scott und seiner Truppe sieht völlig anders aus: Die Männer ziehen den ganzen langen Tag den schweren Schlitten über das Eis. Die eintönige Eiswüste schlägt ihnen aufs Gemüt, der Wind ist bitterkalt, die Arme fühlen sich taub an, wie abgestorben. Ihr Atem bildet Nebelschwaden und gefriert augenblicklich. Er hängt den Männern als Eiströpfchen an Lippen und Nase. Sie haben Erfrierungen im ganzen Gesicht. Scott marschiert

Gletscherspalten

Eis ist ständig in Bewegung. Das Gletschereis fließt mit einer Geschwindigkeit von maximal 10 Metern pro Jahr zu den Küsten. Gletscherspalten entstehen, wenn der stetige Fluss des Eises zum Beispiel durch Felserhebungen unter dem Gletschereis unterbrochen wird. Auch an Stellen, wo mehrere Gletscher zusammenfließen, entstehen Spalten. Oder wenn innerhalb eines Gletschers das Eis unterschiedlich schnell fließt. Wenn der Gletscher mit Schnee bedeckt ist, sind die Spalten für Bergsteiger besonders gefährlich. Das Risiko, auf einer solchen Schneebrücke einzubrechen, ist um die Mittagszeit am größten, wenn die Sonne den Schnee zum Schmelzen bringt.

und marschiert. Der Weg führt über die Höhe, die von Gletscherspalten durchzogen ist. Ihr Weihnachtsessen haben sie sich am Ende des Tages sauer verdient. Bei den Engländern gibt es wie immer reichlich Ponyfleisch, dazu Plumpudding und vier Karamelbonbons pro Nase. Aber es will keine rechte Weihnachtsfreude aufkommen, dazu sind sie zu erschöpft.

Am nächsten Weihnachtstag geht die Schinderei weiter. Der Schlitten verkeilt sich immer wieder in den Eisspalten, die Männer stolpern eher, als dass sie gehen. Dann stürzt einer der Männer ab. Über eine halbe Stunde baumelt er, nur von den brüchigen Schlittenleinen gehalten, die um seine Hüften geschlungen sind,

Außer dem Hundeteam gab es noch zwei weitere Unterstützerteams, die Scott zurück nach Kap Evans schickte. Am 22. Februar 1912 erreicht die letzte Rückkehrergruppe die Küste.

Geographischer Pol – magnetischer Pol

Der magnetische und der geographische Pol sind nicht identisch. Der geographische Pol ist der Schnittpunkt der Erdachse mit der Erdoberfläche. Geographischer Nord- und Südpol bilden also die Endpunkte der Achse, um die sich die Erde um sich selbst dreht. Der magnetische Pol ist dagegen der Punkt, an dem die Feldlinien des Magnetfelds, von dem die Erde umgeben ist, aus der Erdoberfläche austreten. Die Feldlinien verlaufen ungefähr in Nord-Süd-Richtung. An den Polen herrscht die stärkste Magnetkraft. Eine Kompassnadel weist in Richtung des magnetischen Nordpols. Die magnetischen Pole verändern sich stetig. Scott und Amundsen und auch Fuchs wollten den geographischen Südpol erreichen, also den südlichsten Punkt der Erde.

über dem eisigen Abgrund. In einer mühevollen Rettungsaktion ziehen die anderen ihn mit einem Seil aus der Eisspalte wieder zurück ins Leben. Der Verunglückte besteht darauf, augenblicklich weiter zu marschieren. Verzögerungen können sie sich nicht leisten. Die Durchschnittstemperatur liegt bei minus 28 Grad, Schauer von Eiskristallen wehen ihnen entgegen, das Ziehen ist eine einzige Qual. Die Männer ertragen alles ohne zu klagen. Wenn nur am Pol keine Fahne steht. Und immer noch glauben sie sich vorn.

Anfang Januar 1912. Scott kann es jetzt kaum mehr erwarten, endlich zum Pol zu gelangen. Als er 175 Kilometer vom Pol entfernt ist, spürt er endlich wieder einmal Freude in sich aufkeimen. Er hat den Punkt überschritten, an dem sein Erzrivale, sein Landsmann Ernest Shackleton, vor zwei Jahren aufgeben und umkehren musste. Ein Triumph! Nur noch 157 Kilometer, dann nur noch 94, schließlich nur noch 50. Nur noch zwei lumpige Tagesmärsche! Jetzt kann sie nichts mehr aufhalten.

Dienstag, 16. Januar 1912. Das Furchtbare ist eingetreten – das Schlimmste, was geschehen konnte. Die Norweger waren vor uns hier. Amundsen ist der Erste am Pol. Eine furchtbare Enttäuschung.

Robert Falcon Scott, Tagebuchaufzeichnung vom 16. Januar 1912

Von links nach rechts: Oates, Bowers, Scott, Wilson und Evans am Südpol. Die Enttäuschung ist ihnen ins Gesicht gemeißelt.

Am 16. Januar 1912 gegen fünf Uhr nachmittags ist ihr Traum vom Sieg ausgeträumt. Sie sehen Skispuren und die Abdrücke vieler Hundepfoten. Eine schwarze Flagge markiert den Ort, an dem die Norweger auf dem Weg zum Pol gelagert haben. Es ist wie ein Alptraum. Sie müssen sich der niederschmetternden Erkenntnis stellen, dass alles umsonst war.

Sie sind zu spät gekommen. Das Einzige, was sie noch entdecken können, ist, dass der Pol bereits entdeckt ist. Welch ein Hohn! Die Enttäuschung legt sich Scott schwer auf die Brust. In seinem Tagebuch notiert er: „Mir graut vor dem Rückweg!“

Am nächsten Tag erreichen sie den Pol, den Ort ihrer Niederlage. 34 Tage nach Amundsen. Traurig stehen sie vor der im Eiswind flatternden norwegischen Fahne. Das Wetter ist wie schon so oft grässlich. Der Pol ist für sie ein grausiger, ein entsetzlicher Ort.

Dann findet Scott die beiden Briefe, die Amundsen am Pol zurückgelassen hat. Im Brief an Scott steht:

„Sehr geehrter Kapitän Scott! Da Sie wahrscheinlich der Erste sind, der nach uns dieses Gebiet erreicht, möchte ich Sie freundlich bitten, diesen Brief an König Haakon VII. weiterzuleiten.“

Briefträger! Amundsens Briefträger soll Scott jetzt werden! Der Engländer ist fassungslos. Stärker hätte der Sieger den Verlierer nicht kränken können.

Für Scotts Mannschaft gibt es keine Feier am Südpol. Sie pflanzen ihre Fahne, den Union Jack, auf und fotografieren sich gegenseitig. Es ist eine traurige Angelegenheit.

Vor Scott und seinen Männern liegt der Rückweg mit 1400 Kilometern anstrengendem Schlittenziehen. Und wenn sie durchkommen sollten, erwartet sie nicht einmal eine Siegesfeier.

Ganz unten: In diesem Zelt fand Scott Amundsens Briefe. Unterhalb der norwegischen Fahne flattert ein weißer Wimpel mit der Aufschrift „Fram“.

6

Der Pol heute

Als sich fast 80 Jahre später die beiden modernen Abenteurer Fuchs und Messner dem Punkt nähern, an dem Amundsen den größten Triumph und Scott die schwerste Niederlage seines Lebens erfuhr, stürmt es wie verrückt. Tiefschwarze Wolkengebilde jagen dramatisch über den Himmel und hüllen die Landschaft in ein gespenstisches Licht. Die beiden Abenteurer lassen sich vom Wetter nicht beirren. Der Pol zieht sie an. 90 Grad Süd. Ohne ihr Navigationsgerät würden sie ihn verpassen. Die Sicht ist schlecht. Und dann, sechs Kilometer vor dem Pol, reißt die Wolkendecke plötzlich auf, und sie entdecken die amerikanische Forschungsstation, die auf dem geographischen Südpol inmitten der Hochebene steht. Sie sieht mit ihrer großen silbernen Kuppel wie ein Raumschiff aus der Zukunft aus und ist fast so groß wie ein

Die silberne Kugel symbolisiert den Globus. Sie steht immer genau auf dem geographischen Südpol. Da das Eis wandert, muss sie jedes Jahr neu aufgestellt werden.

Die amerikanische Amundsen-Scott-Station am Südpol besteht seit 1956. 2005/06 wurde hier ein Neubau errichtet. Die Jahresdurchschnittstemperatur am Pol beträgt minus 49 Grad.

kleineres Dorf. Es ist der 48. Tag ihrer Wanderung, der 30. Dezember 1989, Silvester wird am Südpol gefeiert. Die Beine laufen die letzten Kilometer fast wie von selbst. Als sie angekommen sind, fallen sich Fuchs und Messner in die Arme. Dann werden sie von Journalisten und von den Bewohnern der Forschungsstation begrüßt, die schon voller Spannung auf sie gewartet haben. Von allen Seiten werden sie beglückwünscht. Sie werden mit leckerem Essen verwöhnt, sogar mit frischem Obst. Sie sitzen in der Wärme, auf richtigen Stühlen, sogar einen Fernseher gibt es im Aufenthaltszelt. Der absolute, nicht zu überbietende Höhepunkt des Tages ist dann, als sie nach 50 Tagen zum ersten Mal wieder unter der Dusche stehen.

Die Bewohner der Forschungsstation haben strikte Anweisungen erhalten, Abenteurer grundsätzlich nicht zu unterstützen. Sie machen bei Fuchs und Messner eine Ausnahme und laden sie zu ihrer Silvesterparty unter der Aluminiumkuppel im Zentrum der Station ein. Musik, Alkohol, Hummerschwänze aus der Mikrowelle: Für Fuchs fühlt sich das alles eigenartig an. Was wohl Scott und Amundsen sagen würden, wenn sie jetzt hier wären? Dieser Pol bleibt Arved Fuchs die ganze Zeit seines Aufenthaltes über fremd. Er fühlt sich erst wieder wohl, als sie drei Tage später ihr Zeug auf den Schlitten gepackt haben und weiterziehen.

Forschung in der Antarktis

Heute existieren etwa 40 ganzjährig bewohnte Forschungsstationen in der Antarktis, dazu kommen zahlreiche nur im Sommer besetzte Stationen und Expeditionslager. Bis auf wenige Ausnahmen stehen diese Stationen in Küstennähe. Im Rahmen von Forschungsvorhaben kommen jährlich zwischen 10 000 und 15 000 Menschen in die Antarktis. Das deutsche Alfred-Wegener-Institut für Polar- und Meeresforschung (AWI) betreibt hier seit 1981 die Georg-von-Neumayer-Station. Es werden meteorologische, geophysikalische und luftchemische Untersuchungen (wie des Ozons, siehe Kasten S. 51) durchgeführt. Auch das Festeis, Meereis, das mit dem Festland oder dem Schelfeis verbunden ist, wird von dieser Station aus untersucht. Das wichtigste Instrument der Polarforschung des AWI ist ein Schiff: die *Polarstern,* gegenwärtig das leistungsstärkste Polarforschungsschiff der Welt. Mit ihr wurden bereits mehr als 30 Expeditionen in die Arktis und Antarktis unternommen.

Quer durch die Antarktis

Die ersten, denen die Durchquerung der Antarktis gelang, waren der britische Geologe Vivian Fuchs und der neuseeländische Bergsteiger Edmund Hillary (der Erstbesteiger des Mount Everest) im Jahr 1957, allerdings unter massivem Einsatz moderner Technik. Hillary führte somit nach Scott und Amundsen die dritte Expedition an, die den Pol erreichte. Die „British Commonwealth Transantarctic Expedition" setzte Schneetraktoren ein und wurde aus der Luft von Flugzeugen unterstützt. Bei der Durchquerung legte Vivian Fuchs in 99 Tagen eine Strecke von 3426 Kilometern zurück.

Als sie am 3. Januar von der Amundsen-Scott-Station wieder aufbrechen, haben sie Proviant für exakt 50 Tage dabei. Die Schlitten wiegen jetzt je 125 Kilogramm. Auf dieser Route ist auch Scott gegangen. Vor ihnen liegen 1400 Kilometer, für die der Engländer und seine Männer auf dem Hinweg zum Pol 78 Tage brauchten. 500 Kilometer Hochfläche, 200 Kilometer Gletscher im Transantarktischen Gebirge, 700 Kilometer Ross-Schelfeis. Auf diesem ganzen Weg – weiter als von Hamburg nach Rom – gibt es für Fuchs und Messner kein Depot. Doch sie rechnen damit, dass sie ab jetzt Rückenwind haben werden, und machen ihre Segel klar. Die riesigen farbigen Skisegel steigen hoch. Der Wind ist mäßig. Zunächst laufen sie mehr, als dass sie gezogen werden. Aber am zweiten Tag weht starker Wind. Als er in die Segel fährt, werden die beiden Abenteurer ruckartig nach vorne gezerrt, so als würden sie auf eine fahrende Straßenbahn aufspringen. Sie rasen regelrecht mit dem Wind dahin, die Schlitten schleudern hinter ihnen her. 80 bis 100 Kilometer legen sie bei gutem Wind am Tag zurück. Arved Fuchs und Reinhold Messner geraten in Hochstimmung. Die Streitereien über das richtige Marschtempo sind vergessen. Wenn das so weitergeht, dann packen sie die Durchquerung locker vor dem Winter. Aber nach nur wenigen Tagen rasanter Fahrt legt sich der Wind. Sie müssen wieder selbst ihre Schlitten ziehen. Wieder das für Messner unerträgliche Schneckentempo: Tagesleistungen von 5,5 Kilometern, von elf Kilometern,

Schneesturm in der Antarktis. Nicht die Windstärke, sondern der Wind-Chill-Faktor bestimmt, ob man noch weitergehen kann.

höchstens von 13. Der Schnee ist körnig. Schlitten und Skier gleiten darauf nur schlecht. Der Seemann Fuchs kennt die Eigenwilligkeit von Winden. Er akzeptiert die Situation. Messner jedoch rennt dagegen an. Oder er versucht es wenigstens. Er will weiterlaufen. Zu Fuß erreichen, was der Wind ihnen versagt. Will sämtliche Überlegungen und Strategien über Bord werfen. Plant, von nun an zehn Stunden am Tag zu gehen. Arved Fuchs versucht, ihm das auszureden: Ein ordentlicher Windtag, und sie machen wieder Strecke gut. Er will lieber mäßig gehen und den strapazierten Körper, vor allem die Sehnen schonen. In dem Bergsteiger fängt es an zu gären. Er hat den Polarfahrer im Verdacht, erledigt zu sein, konditionsschwach, ausgepowert. Missmutig kritzelt er abends seine Wut ins Tagebuch. Manchmal blafft er Fuchs wegen Kleinigkeiten an. Dessen Gelassenheit provoziert ihn. Doch in dem Moment, wo der Wind wieder aus der richtigen Richtung bläst, sind die Gewitterwolken auf Messners Gesicht verschwunden. Mit vollem Risiko fegt er über die Sastrugi-Felder. Sein Schlitten springt wie ein Flummi hinter ihm her.

Kommt der Wind von der Seite, lehnt man sich genau wie beim Segeln so stark wie möglich dagegen, damit man seinen Kurs halten kann.

Wir können uns fast alles leisten, nur keine ernsthafte Verletzung.
Arved Fuchs

Im Bereich des Beardmore-Gletschers weht ein starker böiger Wind. Fuchs wird von seinem aufgeblähten Segel zehn bis 20 Zentimeter emporgehoben. Der Wind reißt ihn mit sich fort. In halsbrecherischem Tempo rast er über kantige Eisplatten und bodenlose Eisspalten hinweg. Ihm wird himmelangst. Sie spielen mit ihrem Leben. Wenn sich einer von ihnen hier verletzt, müssten sie über Funk versuchen, Kontakt zur Außenwelt aufzunehmen. Ob ihnen das gelingt, ist zweifelhaft. Wird das Funkgerät bei den Temperaturen funktionieren? Wird irgend jemand ihren Notruf bemerken und reagieren? Wenn nicht, dann müsste der Gesunde den Kranken auf dem Schlitten ziehen. Aber ob dann die Lebensmittel ausreichen? Sie wären ja sehr viel länger unterwegs, könnten auch nicht mehr segeln. Arved Fuchs beschließt abzubremsen. Aber auch das ist schwierig. Es ist, als würde er an einem Lasso hinter einem Pferd hergeschleift. Als er versucht, zum Halten zu kommen, wird er mit voller Wucht auf den harten Boden geschleudert. Einer seiner Ski verklemmt sich dabei in einer Spalte. Das Bein verdreht. Es gibt ein übles Knacken. Völlig benommen

Links: Messner und Fuchs laufen unangeseilt. Sie müssen ständig hellwach sein und bei jeder Gefahr richtig reagieren.

Wenn eine Brücke bricht, bedeutet das den sicheren Tod. Ein schwarzer Schlund wird uns für immer verschlingen.
Arved Fuchs

Ozonloch

Seit 1956 führen Wissenschaftler der englischen Forschungsstation Halley Bay in der Antarktis Ozonmessungen durch. 20 Jahre erhielten sie immer annähernd gleichbleibende Werte. 1985 aber schlugen sie Alarm: Die Ozonwerte über der Antarktis hatten sich halbiert. Man spricht seither von einem „Ozonloch". Wissenschaftler fanden heraus, dass aufsteigende Treibgase (FCKW) die Ozonschicht in der Stratosphäre zerstören. Auf der Erde kommen sie in Spraydosen oder in Kühlschränken als Kühlmittel vor. Die Ozonschicht wirkt wie ein Filter gegen die aggressive Sonnenstrahlung. Geht diese Schutzschicht kaputt, nimmt die Gefahr von Hautkrebserkrankungen drastisch zu. Auch andere Lebewesen werden geschädigt, sogar im Meer lebende Tiere.

Eine der Eisspalten, die den Beardmore-Gletscher durchziehen. Die Gletscherspalten zu umgehen oder zu überqueren kostet Zeit – und Nerven.

versucht Fuchs, wieder auf die Füße zu kommen. Der stechende Schmerz in seinem Bein verhindert das. Erst glaubt er, dass er sich das Bein gebrochen hat. Aber er ist noch einmal davongekommen. Auch Messner hat die Schnauze voll von diesem Höllenritt. Die beiden Männer beschließen, die Segel für diesen Tag einzupacken.

Das Gebiet, das vor ihnen liegt, ist stark zerklüftet. Ein unübersichtliches Feld aus tiefen Spalten, auf denen Schnee liegt. In den folgenden Stunden durchleben sie die brenzligsten Stunden der gesamten Expedition. Im Zickzack versuchen sie, die Abgründe zu umgehen. Manchmal gibt es keine andere Möglichkeit, als die Spalten über unsichere Schneebrücken zu überqueren. Vorsichtig tasten sie sich voran. Nie betreten sie gleichzeitig eine Schneebrücke. Das Herz schlägt ihnen bis zum Hals. Manche Spalten sind bis zu 40 Meter breit – der Weg darüber erscheint ihnen endlos. Plötzlich ein knirschendes Geräusch. Arved Fuchs erschrickt bis ins Mark. Er sieht, wie eine Schneebrücke unter Messners Last zusammenbricht. Noch bevor er etwas für seinen Kameraden unternehmen kann, hilft der sich selbst. Mit einem gigantischen Sprung erreicht er das „rettende Ufer" und hat wieder festen Boden unter den Füßen. Das war verdammt knapp! Ein Sturz in die Tiefe wäre Reinhold Messners sicherer Tod gewesen.

Am 25. Januar haben sie das Ende des Gletschers endlich erreicht und somit die Durchquerung des Festlands von Antarktika geschafft. Vor ihnen liegen jetzt noch 700 Kilometer Schelfeis, also kein Festland mehr. 22 Tage haben sie vom Südpol kommend bis zu diesem Punkt gebraucht. Sie sind fast am Ende ihrer Kräfte. Wie zum Lohn ihrer unvorstellbaren Mühen reißt die Wolkendecke auf. Zentnerlasten fallen von ihnen ab. Es ist wie eine Erlösung. Ein leichter Wind weht. Die vor ihnen liegende Strecke über das Ross-Schelfeis ist flach wie ein Teller. Ihr Skisegel zieht sie durch den weichen Schnee. Vor Freude und Erleichterung fährt Arved Fuchs Schlangenlinien. Der gefährlichste Teil der Reise ist geschafft.

Mittlerweile sind sie hungrig wie Wölfe. Sie könnten ohne Unterbrechung essen. Dennoch müssen sie ihre Tagesrationen verkleinern. Wer weiß, wie das Wetter ihnen noch mitspielt. Beide Männer haben durch das wochenlange Marschieren und das Ziehen der schweren Schlitten Schmerzen in den Sehnen und Gelenken. Fuchs' Achillessehne ist stark geschwollen, er hat Probleme mit der Hüfte, von den Füßen gar nicht erst zu reden. Messner hat schwere Knieprobleme, seine Hände tun ihm durch den ständigen Gebrauch der Stöcke weh. Sie haben ausgerechnet, dass sie jeden Tag 42 000 Schritte tun. Und bei jedem einzelnen müssen sie die Zähne zusammenbeißen. Zudem frieren sie jetzt ständig. Ihre Reserven sind restlos aufgebraucht. Doch sie gehen weiter. Wie ein Uhrwerk.

Als sie schon gar nicht mehr damit rechnen, kommt endlich wieder Wind auf. Noch dazu aus der richtigen Richtung. Schnell packen sie ihre Segel aus. Sie segeln, bis sie vor Kälte und Erschöpfung nicht mehr können. Drei Tage lang meint es der Wind gut mit ihnen. Er zieht die abgemagerten Gestalten, zu denen sie geworden sind, zur Küste.

Die Ur-Ur-Ur-Urgroßeltern der Adélie-Pinguine in der McMurdo-Bucht wunderten sich bereits über das Treiben von Scott und seinen Männern.

Messner und Fuchs auf einer Pressekonferenz nach der Expedition. Die Zeitungen berichten vor allem über den Konflikt zwischen den beiden Männern. Ihre grandiose Leistung wird darüber fast vergessen.

Am 12. Februar 1990 erreichen sie die McMurdo-Bucht, von der Scott aufbrach. Sie empfinden keine Freude, dass sie die Durchquerung gepackt haben. Eher so etwas wie Erleichterung, dass es vorbei ist. Robben und Pinguine tummeln sich in der McMurdo-Bucht, unmittelbar neben der Steilküste taucht ein Minkwal auf. Ein grandioser, atemberaubender Anblick. Sie können die Schönheit der Antarktis endlich wieder in vollen Zügen genießen.

Arved Fuchs hat nicht nur die Antarktis als Erster zu Fuß durchquert, er hat auch noch einen zweiten Rekord gebrochen: Er ist der Erste, der innerhalb eines Jahres sowohl zum Nordpol als auch zum Südpol zu Fuß ging. Bei der Antarktisdurchquerung kamen sie im Schnitt jeden Tag 30 Kilometer voran, exakt die Tagesleistung, die Fuchs vorher berechnet hatte. Insbesondere auf der Strecke zwischen Südpol und McMurdo-Bucht haben sie neue Maßstäbe im polaren Reisen gesetzt. Der einzige Wermutstropfen ist, dass sich Fuchs und Messner nach dieser Reise aus dem Weg gehen werden. Sie wollen nichts mehr miteinander zu tun haben. Nie wieder.

Was ist der Sinn von solchen Extremreisen? Arved Fuchs verneint mit Entschiedenheit, dass es lediglich darum geht, Rekorde zu brechen. „Nichts ist großartiger", sagt er, „als das Gefühl, mit Haut und Haaren am Leben zu sein. Und nirgendwo kann man dieses Gefühl intensiver erleben als an Orten, die so ungezähmt wie die Antarktis sind."

Amundsen antwortete auf die kritische Frage nach dem Sinn seiner Wanderung zum Südpol mit äußerster Verachtung: „Kleine Geister haben nur Sinn für Brote und Butter!" Auch er wollte wie Arved Fuchs sein Leben zu einem einmaligen Abenteuer machen.

Antarktisvertrag

Die Antarktis steht unter internationalem Schutz. Der Antarktisvertrag untersagt jede wirtschaftliche Ausbeutung der Bodenschätze. Die Forscher sind verpflichtet, ihre Forschungsergebnisse untereinander auszutauschen. Außerdem enthält das Abkommen strengste Auflagen für den Umweltschutz. Wie wichtig der Umweltschutz gerade für die Antarktis ist, zeigen die besorgniserregenden Klimaveränderungen der letzten Jahre: Die wärmeren Temperaturen haben zum Schmelzen des Polareises geführt. Im Eis der Antarktis sind drei Viertel aller Süßwasservorräte der Erde gebunden. Würde die Eiskappe über dem antarktischen Kontinent abschmelzen, dann stiege der Meeresspiegel überall um 60 Meter. Eine Katastrophe weltweiten Ausmaßes.

7

Das Ende

>>> **Während Scotts Männer** dem Pol den Rücken zukehren und sich wieder vor den Schlitten spannen, erreicht Roald Amundsen mit seinen Gefährten am 26. Januar das von der Morgensonne beschienene Framheim. Sie schirren die Hunde aus. Die Tiere strotzen vor Kraft und Gesundheit. Sie balgen sich vollkommen verrückt vor Freude im Schnee. Dann fressen sie sich an Seehundfleisch satt. Amundsen und seine Männer, auch sie in exzellenter Form, werden von dem Rest der Mannschaft überschwenglich begrüßt und mit einem fürstlichen Frühstück aus duftendem Kaffee und dampfenden, vor Fett glänzenden Pfannkuchen bewirtet. 99 Tage hat ihre 2480 Kilometer lange Reise gedauert. Sie waren schneller als erwartet. Am 30. Januar läuft die *Fram* mit den Siegern an Bord aus der Bucht der Wale aus. Am 7. März geht Amundsen in Tasmanien an Land und gibt ein Telegramm auf, das die Zeitungen in aller Welt auf den Titelseiten abdrucken.

„Die ganze Welt ist jetzt entdeckt“, jubelt die *New York Times,* und ab sofort regnet es Glückwunschtelegramme auf die „Framheimer“ nieder. Das erste kommt vom norwegischen König. Alle an Bord der *Fram* freuen sich auf den Empfang, den man ihnen in ihrer Heimat bereiten wird.

Zur gleichen Zeit, als es sich Amundsen in der Heimat schon wieder gutgehen lässt, hat Scott angefangen, seinen Männern die Lebensmittelrationen zu kürzen. Das nächste Depot ist noch in weiter Ferne.

Die *Fram* trifft am 9. Januar 1912 in der Walfischbucht ein, um die Polbezwinger nach einem Jahr in der Antarktis zurück in die Zivilisation zu bringen.

BUY "LLOYD'S NEWS" TO-MORROW.

The Daily Chronicle

No. 15,619.—12 PAGES. LONDON, SATURDAY, MARCH 9, 1912. ONE HALFPENNY.

HOW I DISCOVERED THE SOUTH POLE.

EXCLUSIVE CABLE TO "THE DAILY CHRONICLE."

CAPTAIN AMUNDSEN'S OWN NARRATIVE.

MESSAGE OF CONGRATULATION FROM KING GEORGE.

ARTICLE BY SIR ERNEST SHACKLETON.

King George's Message to "The Daily Chronicle."

POST OFFICE TELEGRAPHS.

The Man of the Moment.

Pol erreicht 14.–17. Dezember. Alle wohlauf.

Amundsens Telegramm vom 7. März 1912

Die erschöpften Männer taumeln auf der Spur, auf der sie gekommen sind, zurück. Aber sie kommen immer schlechter voran. Manchmal schaffen sie nur neun Kilometer am Tag, wo es früher 24 waren. Viel zu langsam! Es wird wieder kälter: extrem niedrige Temperaturen und erbarmungslose Stürme. Bei jeder Pause, besonders im Nachtlager, frieren die Engländer jämmerlich. Ihre von der britischen Armee gestellten Anzüge sind steifgefroren wie Bretter. Für den Pol sind sie völlig ungeeignet. Bowers notiert in seinem Tagebuch, dass sie häufig lange nach ihren Lebensmitteldepots suchen müssen. Scott hatte sie durch eine Kette von kleineren Steinhaufen markieren lassen, die man leicht übersehen kann.

Die kleine Schar hat kaum noch Reserven. Besonders Edgar Evans kann kaum noch mithalten.

Seine Nase weist schwere Erfrierungen auf. Sie ist weiß und hart. Evans hätte noch vor einiger Zeit einen derben Witz darüber gerissen. Aber zum Scherzen ist schon lange keiner mehr aufgelegt. Auch Evans' Finger sind erfroren. Seine Hände sind unbrauchbar geworden, er kann nicht einmal mehr helfen, das Zelt aufzustellen. Einsilbig ist der sonst so gut aufgelegte Mann geworden, er spricht kaum noch mit den anderen. Er fürchtet, dass er ihnen zur Last fällt. Außerdem ist er bis auf die Knochen abgemagert. Der große Kerl hat die ganze Zeit über die gleichen Tagesrationen erhalten wie die anderen. Scott fragt sich nun, ob Evans auf Grund seiner Größe nicht vielleicht doch etwas mehr hätte kriegen müssen. Durch die Mangelernährung fallen ihm bereits die Fingernägel aus. Er leidet unter Skorbut und wirkt völlig entkräftet und niedergedrückt.

Den anderen geht es kaum besser.

Wilson kann kaum noch sehen. Er wird von Schneeblindheit geplagt. Oates hat sich Erfrierungen an den Füßen zugezogen. Seine Zehen sind schwarz verfärbt. Scott selbst stürzt im Bereich des Beardmore-Gletschers einen steilen Abhang hinunter und verletzt sich an der Schulter. Nur der kleine Bowers stapft mit seinen kurzen Beinen unbeirrbar immer weiter. Doch auch ihn hat der Mut verlassen, und er hat aufgehört, Tagebuch zu schreiben.

? Lebensmittel

Die Ernährung von Scott und Amundsen bestand vor allem aus Seehundfleisch, Zwieback, Pemmikan, Milchpulver, Schokolade, Ponyfleisch, Hundefleisch. Amundsens Hunde bekamen fast ausschließlich Pemmikan zu fressen. Pemmikan ist eine sehr nahrhafte Mischung aus getrocknetem Fleisch, das zerstoßen und mit Talg und Knochenmarkfett zu einer haltbaren Paste verknetet wird. Auf Expeditionen wird es mit Zugabe von Getreide oder Trockenfrüchten gegessen. Fuchs und Messner ernährten sich von Speck, hartem Brot, Schokolade, Fertigsuppen, Trockenobst, Nüssen, Reis, Nudeln und Kartoffeln, Pemmikan, Fruchtschnitten, Keksen, Frühstücksflocken, Kaffee und Tee. Arved Fuchs achtete beim Proviant darauf, dass das Essen nicht nur nahrhaft war, sondern auch gut schmeckte.

Ausgemergelt, hungrig und erschöpft schleppen sich Scott und seine Männer in Sturm und Eis vorwärts. Der Wettlauf geht weiter, nur ist ihr Gegner jetzt nicht mehr Amundsen. Ihr Gegner ist der Tod. Und Scott? Der merkt einfach nicht, wie ernst die Lage ist. Er befiehlt, dass Wilson beim Abstieg vom Beardmore-Gletscher geologische Proben von Pflanzenfossilien nimmt. „Hochinteressant", notiert Scott in seinem Tagebuch. Einen ganzen Tag lässt er damit verschwenden, nimmt sogar einen Umweg dafür in Kauf. Warum tut er das? Möglich, dass Scott so seiner Reise zum Südpol einen Sinn geben will. Nach dem Motto: Wir waren zwar nicht die Ersten am Pol, aber dafür haben wir auf dem Weg wichtige Forschungsarbeit geleistet! Er will mit einem Sack

Oben: Edgar Evans erleidet bei seinem Sturz in die Gletscherspalte eine schwere Gehirnerschütterung. Das gibt dem völlig entkräfteten Mann den Rest.

Links: In Kap Evans macht man sich Sorgen um das Polteam. Am 27. März 1912 wird ein Suchteam entsandt, das aber keine Spur von Scott und seinen Männern findet.

Rechts: Fossilienfunde wie diese Ammoniten belegen, dass es in der Antarktis vor über 65 Millionen Jahren viel wärmer war.

Brennstoff

Neben der Versorgung mit Lebensmitteln ist Brennstoff einer der wichtigsten Ausrüstungsgegenstände auf Polarexpeditionen. Früher wurde Paraffin verwendet. Das hat die Eigenschaft, sich an der Luft sehr schnell zu verflüchtigen. Amundsen dachte lange darüber nach, was man dagegen tun könnte. Schließlich ließ er die Behälter luftdicht verlöten. Damit bekam er das Problem in den Griff. Scott dachte über die Brennstoffbehälter gar nicht weiter nach. Seine Behälter wurden so abgedichtet, wie es damals üblich war: mit Lederscheiben. Später, als er seine Paraffinbehälter öffnete, waren sie zur Hälfte leer. Arved Fuchs benutzte Benzin als Brennstoff.

voll grauer Steine seine Ehre retten. Seine Männer müssen 15 Kilo mineralisches Gestein einsammeln und auf den Schlitten laden. Sie verlieren dadurch Zeit. Zeit, die sie längst nicht mehr haben. Der Winter steht doch vor der Tür! Die Verpflegung ist doch so gut wie aufgebraucht! Als ihnen das klar wird, versuchen sie, so schnell wie möglich zum nächsten Vorratsdepot zu gelangen. In der Eile machen sie Fehler bei der Navigation. In einem Labyrinth aus Eisspalten verirren sie sich. Stundenlang laufen sie völlig verloren umher. Keiner weiß mehr, wo es langgeht. Sie haben kaum noch etwas zu essen. Dann kommt auch noch Sturm auf. Sobald er sich legt, hasten sie hungrig weiter. Der völlig ausgepowerte Edgar Evans stürzt in eine Gletscherspalte. Dabei verletzt er sich am Kopf. Die anderen merken es gleich, als sie ihn herausziehen: Evans hat es schwer erwischt. Er bewegt sich wie ein alter Mann. Er redet wirres Zeug. Er ist am Ende seiner Kräfte. Ratlos blicken die anderen sich an: Wie soll Evans nur die 650 Kilometer schaffen, die noch vor ihnen liegen? Sie können ihn unmöglich auf dem Schlitten mitnehmen!

Edgar Evans ist der Erste, der zusammenbricht. Er fällt seit seinem Sturz häufig zurück, zieht weit hinter den anderen her. Erst wenn die vier eine Pause machen, holt er sie wieder ein. Als er während einer Rast nicht auftaucht, schleppen sich seine Kameraden zurück, um nach ihm zu suchen. Sie erschrecken, als sie ihn finden: Evans kniet im Schnee, seine Kleider hat er aufgerissen, seine Handschuhe weggeschleudert. Mit wirrem Blick sieht er die anderen an. Er erkennt sie nicht mehr. Sie schaffen es noch, ihn ins Zelt zu bringen, aber um halb ein Uhr nachts macht er im Kreise seiner Kameraden seinen letzten Atemzug. In dreieinhalb Monaten ist er 2220 Kilometer marschiert. Mehr Kraft hatte er einfach nicht. Scott ist sehr traurig über Evans' Tod, aber zugleich erleichtert. Mit Evans weiterzuziehen – das hätte den sicheren Tod für alle bedeutet. Sie lassen Evans' Leichnam zurück und kämpfen sich bis zum nächsten Vorratsdepot durch. Das schaffen sie noch, mit knapper Not. Aber über 600 Kilometer liegen noch vor ihnen, und jetzt beginnt der gnadenlose antarktische Winter. Bei Temperaturen von minus 35 Grad bricht bei Oates eine alte Kriegsverletzung am Bein wieder auf. Mehr als eine Stunde braucht er jeden Morgen, um seine geschwollenen Füße in die hartgefrorenen Schuhe zu zwängen. Der Mann ist am Ende. Alle wissen, dass Oates nicht mehr lange durchhalten kann. Scott lässt an jeden Mann 30 Opium-Tabletten

austeilen. Damit kann man seinem Leben auf schmerzlose Weise ein Ende setzen. Oates versteht den Wink. Er ist zu einer Belastung für seine Kameraden geworden. „Unser Spiel geht tragisch aus“, notiert Scott in seinem Tagebuch. In der Nacht kriecht Oates aus dem Zelt. „Wahrscheinlich bleibe ich eine Weile draußen!“, sagt er zu seinen Kameraden. Draußen tobt ein schwerer Orkan. Keiner hält ihn zurück.

Scott, Bowers und Wilson ziehen mit letzter Kraft ihren Schlitten. Als ein Orkan aufkommt, sind sie verloren.

Scott, Bowers und Wilson schleppen sich weiter. Sie haben darüber gesprochen, wie sie selbst sterben wollen. Sie wollen bis zum letzten Schritt weitergehen und auf ihrer Spur zusammenbrechen. Keiner soll sagen können, sie hätten nicht ihr Äußerstes versucht. 20 Kilometer vor ihrem letzten Vorratsdepot, 20 Kilometer entfernt von Wärme, Nahrung und Sicherheit, zwingt sie ein neuer Orkan neun lange Tage in ihr Zelt. Endstation. Der Brennstoff ist verbraucht, das Essen bis auf ein paar kümmerliche Reste auch. Sie liegen in ihren Schlafsäcken, das Ende vor Augen, und schreiben Abschiedsbriefe.

Bowers letzte Worte an seine Mutter lauten: „ Wie sehr fühle ich mit Dir, wenn Du dies alles hören wirst, aber Du kannst gewiss sein, das Ende war für mich friedvoll, denn es ist nur ein Schlaf in der Kälte.“

Und so findet man die drei Männer dann acht Monate später, am 11. November 1912. Sie sehen tatsächlich aus, als würden sie friedvoll schlafen. Scott hat seinen Arm kameradschaftlich um Wilson gelegt. Sie sind erlöst.

Zur gleichen Zeit, als die Welt von dem tragischen Ende der Scott-Expedition erfährt, erscheint Amundsens Bericht über seine grandiose Eroberung des Südpols. Klar, dass das Buch ein Bestseller wird. Amundsen wird überall gefeiert. Ein Festempfang jagt den nächsten. In zahllosen Städten jubeln die Menschen dem berühmten Polarforscher zu.

Er genießt das alles in vollen Zügen, er hat es sich redlich verdient. Aber letztlich hat Roald Amundsen sich Zeit seines Lebens nur in der Eiswüste wirklich wohl, wirklich zu Hause gefühlt.

Der Mann, der seinen König und seine Landsleute über das Ziel seiner Expedition belog, ist in die Geschichte als strahlender Sieger, als großer Entdecker eingegangen.

Amundsen – der alles auf eine Karte setzte und gewann.

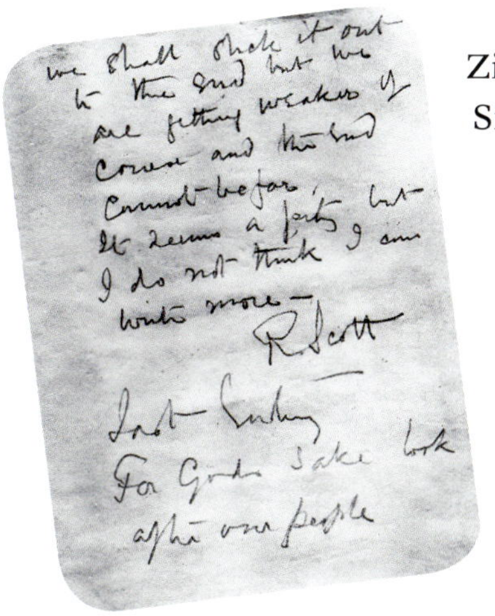
we shall stick it out to the end but we are getting weaker of course and the end cannot be far. It seems a pity but I do not think I can write more —
R. Scott
Last Entry
For God's sake look after our people

Scotts letzte Tagebucheintragung vom 29. März 1912: „Der Tod kann nicht mehr fern sein. Es ist ein Jammer, aber ich glaube nicht, dass ich noch weiter schreiben kann. R. Scott. Um Himmels willen – sorgt für unsere Hinterbliebenen!"

Diese Ruhe, dieser absolute Friede – das Gefühl vollkommener Freiheit: tun zu können, was man will. Man braucht sich vor keinem Menschen zu genieren. Und das mag ich. Man fühlt sich überhaupt nicht einsam. Nur Ruhe ist da und Friede und Freiheit. In der großen Wüste an den Polen ist nichts außer einem selbst.

Roald Amundsen

Chronik

350 v.Chr. Die Griechen glauben, dass es als Gegengewicht zur Arktis (griech. *arktikós* – „Land unter dem Sternbild Großer Bär") eine ähnliche gegenüberliegende kalte Landmasse geben müsse. Sie geben ihr den Namen *ant-arktikós*, also „Gegen-Arktis", obwohl sie niemals dort gewesen sind – sie haben einfach nur richtig geraten!

um 150 Claudius Ptolemäus verzeichnet auf seiner *Geographie* genannten Weltkarte erstmals einen südlichen Kontinent namens *Terra australis incognita* („unbekanntes südliches Land").

17. Januar 1773 Der britische Seefahrer James Cook überquert als Erster den südlichen Polarkreis mit dem Auftrag, das „Südland" zu finden. Es gelingt ihm nicht, zum antarktischen Kontinent vorzustoßen, aber seine Berichte locken Robben- und Walfänger ins Südpolarmeer.

27. Januar 1820 Erste Sichtung des antarktischen Kontinents durch den russischen Admiral Fabian von Bellingshausen bei der ersten Antarktis-Umsegelung 1819–1821

7. Februar 1821 Die erste bekannte Landung auf dem antarktischen Kontinent wird von John Davis bei Hughes Bay auf der antarktischen Halbinsel bewältigt.

1822–1824 James Weddell fährt in das eisfreie Gebiet neben der antarktischen Halbinsel und macht kartographische Aufnahmen. Er dringt bis 74 Grad Süd 34 Grad West nach Süden vor und stellt damit einen neuen Rekord auf.

1830–1832 John Biscoe unternimmt Fahrten in die Südpolarregion und bestätigt als Erster, dass die Antarktis eine große Landmasse sein muss.

1838–1842 Charles Wilkes kartiert weite Strecken der antarktischen Küste.

1840 James Clark Ross bestimmt die Position des magnetischen Südpols.

1874 Die ersten Fotografien von den antarktischen Eisbergen werden von der *Challenger*-Expedition im Auftrag der Königlich-Britischen Gesellschaft gemacht.

1882–1883 Erste Forschungsstationen werden während des 1. Internationalen Polarjahres errichtet.

1897–1898 Die *Belgica* überwintert als erstes Forschungsschiff in der Antarktis.

1898 Erste Überwinterung auf dem antarktischen Kontinent von einem norwegischen Expeditionsteam unter Carsten Borchgrevink

1901–1904 Erste Südpol-Expedition Robert Falcon Scotts

4. Februar 1902 Scott steigt in einem wassergefüllten Gasballon 180 m über das Ross-Schelfeis auf.

29. März 1902 Die erste Luftaufnahme der Antarktis entsteht von einem Fesselballon aus, während das deutsche Forschungsschiff *Gauss* im Packeis eingeschlossen ist.

1903 Errichtung der ersten permanenten meteorologischen Station in der Antarktis

1903–1906 Roald Amundsen durchfährt als erster Mensch die Nordwestpassage im Norden von Kanada.

9. Januar 1909 Ernest Shackleton nähert sich während seiner *Nimrod*-Expedition 1907–1909 dem Südpol bis auf 175 km.

1. Juni 1910 Das Expeditionsteam unter Kapitän Scott verlässt mit der *Terra Nova* den Hafen Londons.

9. August 1910 Die norwegische *Fram* unter der Leitung Roald Amundsens sticht in See.

14. Dezember 1911 Roald Amundsen entdeckt mit vier Expeditionsteilnehmern als Erster den Südpol.

17. Januar 1912 Scotts Mannschaft erreicht den Südpol.

26. Januar 1912 Amundsen und seine Gefährten gelangen zurück zur Basisstation Framheim.

30. Januar 1912 Die *Fram* verlässt die Bucht der Wale Richtung Norden.

17. Februar 1912 Scotts Teamgefährte Edgar Evans stirbt am Fuß des Beardmore-Gletschers.

7. März 1912 Amundsen gibt die Entdeckung des Südpols per Telegramm öffentlich bekannt.

17. März 1912 Scotts Teamgefährte Lawrence („Titus") Oates stirbt.

29. März 1912 Scott stirbt zusammen mit Edward Wilson und Henry Bowers in ihrem Zelt an Erschöpfung.

11. November 1912 Die Leichname von Scott, Wilson und Bowers werden zusammen mit ihren Tagebüchern und Briefen gefunden.

1914–1916 Ernest Shackleton unternimmt eine Expedition zur Durchquerung der Antarktis. Nachdem sein Schiff *Endurance* im Januar 1915 von Eis eingeschlossen wird und untergeht, muss die Besatzung im Packeis überwintern und erreicht im Mai 1916 South Georgia.

Ab 1918 Roald Amundsen macht eine mehrjährige Expedition in die Arktis.

12. Mai 1926 Zusammen mit Umberto Nobile überfliegt Amundsen mit dem Luftschiff *Norge* den Nordpol.

18. Juni 1928 Amundsen startet eine Rettungsaktion für den Italiener Nobile nordöstlich von Spitzbergen, von der er nicht zurückkehrt.

1929 Von der Basisstation Little America aus überfliegt der US-Amerikaner Richard Byrd erstmals den Südpol.

1935 Lincoln Ellsworth überquert als Erster die gesamte Antarktis im Flugzeug und legt 3700 km zurück. Im selben Jahr betritt als erste Frau die Norwegerin Caroline Mikkelsen das antarktische Festland.

1946–1947 Die gesamte Antarktis wird mithilfe von Luftaufnahmen unter der Leitung von Richard Byrd in der *Operation Highjump* erstmals kartiert.

1956 Errichtung der US-amerikanischen Amundsen-Scott-Station am Südpol

31. Oktober 1956 Der erste Mensch auf dem Südpol nach Amundsen und Scott: Der US-Amerikaner George Dufek landet dort mit einem Flugzeug vom Typ R4D Skytrain.

1957–1958 Internationales Geophysikalisches Jahr. Zwölf Nationen richten Forschungszentren in der Antarktis ein. Die erste erfolgreiche Expedition mit Raupenfahrzeugen und Hundetrupps quer durch die Antarktis und über den Südpol wird von Vivian Fuchs und Edmund Hilary unternommen.

1. Dezember 1959 Zwölf Staaten unterzeichnen den Antarktisvertrag, der den Schutz der Antarktis festschreibt.

1977 Arved Fuchs unternimmt seine erste Expedition: Er befährt zwei Flüsse in Quebec (Kanada) mit traditionellen indianischen Kanus.

1984 Arved Fuchs gelingt die erste und bisher einzige Winterumrundung von Kap Hoorn mit einem Faltboot. Ein Jahr später driftet er während einer Kajakexpedition zum magnetischen Nordpol zwei Wochen auf einer Eisscholle.

1989 In 56 Tagen legt Arved Fuchs mit einem internationalen Team 1000 km auf dem Weg zum geographischen Nordpol zurück und errichtet in der Arktis ein internationales Jugendcamp.
13. November 1989 Beginn der Expedition von Arved Fuchs und Reinhold Messner. Ziel ist die Durchquerung der Antarktis zu Fuß unter Einbeziehung des Südpols.
30. Dezember 1989 Fuchs und Messner erreichen den Südpol.
12. Februar 1990 Fuchs und Messner erreichen nach 92 Expeditionstagen die McMurdo-Bucht.
1989–1990 Eine internationale Gruppe unter der Leitung von Jean-Louis Etienne und Will Steger unternimmt die am weitesten ausgedehnte Durchquerung der Antarktis. Sie legen 6450 km zurück.
1992–1993 Der Norweger Erling Kagge erreicht als Erster allein mit einem Schlitten den Südpol.
1992–1993 Ranulph Fiennes und Mike Stroud durchqueren als Erste ohne Unterstützungsteam und nur mit einem von ihnen gezogenen Schlitten die Antarktis.
1994 Als erste Frau erreicht die Norwegerin Liv Arnesen den Südpol allein auf Skiern. Für 1200 km braucht sie 50 Tage.
1995–1996 Mit der Expedition „Zwischen Tropen und ewigem Eis" vollendet Fuchs die Idee Roald Amundsens, Nord- und Südamerika zu umrunden. Im selben Jahr erreicht der Pole Marek Kaminski den Nordpol und den Südpol auf Skiern.
1997 Der Norweger Boerge Ousland durchquert als Erster allein die Antarktis. Er braucht 64 Tage und benutzt wie Fuchs und Messner Skier und Segel.
2000 Arved Fuchs segelt in einem Nachbau des Rettungsbootes *James Caird* auf den Spuren Ernest Shackletons durch das antarktische Weddell-Meer.
2001 Ann Bancroft und Liv Arnesen unternehmen eine Expedition in der Art von Arved Fuchs und Reinhold Messner auf Skiern.
2004 Mit der Durchquerung der Nordwestpassage gelingt Arved Fuchs die erste komplette Nordpolumrundung mit einem Segelboot.
2007–2008 3. Internationales Polarjahr. Es dauert zwei Jahre, damit Forscher in beiden Polregionen jeweils einen Sommer und einen Winter arbeiten können.

Buchtipps

Sehen – Staunen – Wissen: Arktis & Antarktis, Gerstenberg Verlag, Hildesheim 2003
Geschichte erleben: Polarexpeditionen, Gerstenberg Verlag, Hildesheim 1999
Amundsen, Roald: *Die Eroberung des Südpols 1910–1912*, Edition Erdmann, Stuttgart 1984
Arndt, Ingo & Lieckfeld, Claus-Peter: *Logbuch Polarstern – Expedition ins antarktische Packeis*, Frederking & Thaler, München 2005
Die wissenschaftliche Arbeit auf dem Forschungsschiff *Polarstern* in Text und Bild
Fuchs, Arved: *Von Pol zu Pol*, Delius Klasing Verlag, Bielefeld 2003
Bericht über Fuchs' Nordpol- und Südpol-Expeditionen 1989/90
Jacquet, Luc: *Die Reise der Pinguine*, Gerstenberg Verlag, Hildesheim 2005
Scott, Robert Falcon: *Letzte Fahrt. Kapitän Scotts Tagebuch, Tragödie am Südpol 1910–1912*, Edition Erdmann, Lenningen 1997

Filmtipps

Die Reise der Pinguine. DVD 2006
Dokumentation über den Überlebenskampf der Kaiserpinguine in der Antarktis

Endurance – Verschollen im Packeis. DVD 2005
Dokumentation über das Rettungsabenteuer unter Ernest Shackleton aus dem Packeis

Kreuz des Südens – Wettlauf zum Südpol. VHS-Video 2000
Die Entdeckungsgeschichte der Antarktis und das „Jahrhundertrennen" zum Südpol stehen im Mittelpunkt dieser TV-Dokumentation.

Shackleton's Antarctic Adventure. DVD 2001
Ein IMAX-Film auf den Spuren Ernest Shackletons liefert eindrucksvolle Bilder von der „Odyssee" des Polarforschers.

Die Antarktis – Am eisigen Ende der Welt. DVD 2003
IMAX-Dokumentation, die sich u.a. auf die Spuren der Scott-Expedition begibt. Mit Unterwasser- und Tier-Aufnahmen

Museen

Forschungsmuseum Alexander König
Museumsmeile Bonn
Adenauerallee 160
53113 Bonn
Dauerausstellung „Arktis/Antarktis – Leben in der polaren Eiswelt". Interaktive Medien zeigen das Leben auf und unter dem Eis, den Alltag der Inuit und die ökologische Gefährdung der Polregionen.

Frammuseet
Bygdøynesveien 36
N-0286 Oslo
Die im Original erhaltene *Fram* kann betreten und erkundet werden. Zudem finden sich Modelle anderer Forschungsschiffe. Informationen in acht Sprachen zu den Polfahrern Nansen, Sverdrup und Amundsen.

Museum der Arktis und Antarktis
Ulitza marata 24a
191040 St. Petersburg
Russland
Einziges Museum für Polarforschung weltweit. Im Mittelpunkt stehen die russische Polarforschung sowie Flora und Fauna der Polargebiete.

Internet-Tipps

- www.arved-fuchs.de
Internetpräsenz mit aktuellen Informationen von Arved Fuchs
- http://de.wikipedia.org/wiki/Antarktis
Als Exzellenter Artikel eingestufter umfassender Beitrag in der Internet-Enzyklopädie Wikipedia. Mit Karten und Fotos, Literaturliste und Links; auch als Audiodatei verfügbar.
- www.awi.de/de/go/Neumayer
Internetseiten der Neumayer-Forschungsstation in der Antarktis
- www.awi.de/de/entdecken
Informationen über die Arbeit des Alfred-Wegener-Instituts (nicht nur) für Kinder und Jugendliche
- www.polarjahr.de
Die deutsche Seite zum internationalen Polarjahr mit vielen zumeist tagesaktuellen Informationsberichten

Register

Seitenverweise auf Bildlegenden sind *kursiv* gesetzt.

Bildnachweis
akg-images Berlin: Umschlag hinten om, S. 2, 6mr, 7ml, 9, 10ol, 11, 14, 16, 18ur, 23, 24mr, 26or, 30, 40, 43, 56ul, 59ml; Alfred-Wegener-Institut für Polar- und Meeresforschung, Archiv: S. 19; Arved Fuchs Expeditionen: Umschlag vorn o, hinten ol, Buchrücken, S. 26-27u, 31ml&u, 33o, 34om, 36o, 36-37m, 38-39, 46, 47, 48-49u, 49m, 50-51m; British Antarctic Survey: S. 28; Thomas Haltner/www.reisereporter.de: S. 8, 52; John Frost Newspapers: S. 55; picture-alliance/ASA: S. 27ml/dpa-Bildarchiv: Umschlag vorn ul, hinten or, S. 7m, 10or, 29or&ul, 34-35u, 42, 50u, 53, 59ur/ OKAPIA/Francois Gohier: S. 13/Picture Press/Manfred Thonig: S. 20/scanpix: S. 4-5, 6-7; © Royal Geographical Society: S. 18ul, 24ul

Quellennachweis
Die Zitate auf S. 33, 35, 39, 49 und 50 sind dem Buch Arved Fuchs: *Von Pol zu Pol,* Delius Klasing, Bielefeld 2003 entnommen.
Leider war es uns nicht in allen Fällen möglich, die Rechteinhaber ausfindig zu machen; alle Ansprüche bleiben gewahrt.